인생
리셋

직장인이 직업인으로 살아가는 방법
인생 리셋

초판 1쇄 인쇄 2024년 6월 3일
초판 1쇄 발행 2024년 6월 19일

지은이 김형중

발행인 백유미 조영석
발행처 (주)라온아시아
주소 서울특별시 서초구 방배로 180 스파크플러스 3F

등록 2016년 7월 5일 제 2016-000141호
전화 070-7600-8230   **팩스** 070-4754-2473

값 19,500원
ISBN 979-11-6958-111-0 (13190)

라온북은 독자 여러분의 소중한 원고를 기다리고 있습니다. (raonbook@raonasia.co.kr)

RESET 인생 리셋

직장인이 직업인으로 살아가는 방법

은퇴는 없다! 평생현역 라이프스타일을 설계하라!
멀리 내다보고 빠르게 준비하는
인생 2막 업사이클 노하우

김형중 지음

호모 헌드레드 시대
당신의 브랜드
경쟁력을 강화하는
인생 리셋
버튼을 눌러라!

새로운 세상의 판과 삶의 생태계를 읽어내는
미래를 향한 당신의 텔레스코프를 갖춰라!

당신에게 주어질 새로운 20년,
무엇으로 채울 것인가?

RAON
BOOK

RAON
BOOK

추 천 사

저자를 알고 지낸 지 25년이 넘은 것 같습니다. 열정이 넘치는 청년에서, 더 큰 세상을 위해 뚜벅뚜벅 걸어가고 있는 지금의 모습에서, 현 시대를 살아가는 책임감 있는 중년의 고민을 볼 수 있습니다. 에너지 분야에서 새로운 도전을 마다하지 않고 항상 새로운 길을 찾아가는 모습은 우리 모두에게 좋은 본보기가 되고 있습니다. 저자가 이 책을 통해 던지고 있는 삶에 대한 메시지는 오늘날 중년들에게 더 큰 세상을 바라보고 직장인이 아닌 직업인으로 살아야 한다는 것입니다. 그의 새로운 시도와 도전을 응원합니다.

박종배
건국대학교 전기공학과 교수

저자를 생각하면 '몰입'과 '열정'이 생각납니다. 저자가 전력IT 분야에서 실무를 하던 시절에 신기술을 적용하기 위해 노력하던 열정과 문제를 해결하는 과정에서 보인 집중력을 아직도 생생하게 기억합니다. 이 책에서 저자는 인생을 살아가기 위한 경험과 노하우를 이 시대의 중년들과 나누고자 합니다. 100세 시대에 있어서 막연하고 불투명한 미래를 현명하게 새로운 길을 개척해 가고 있는 저자의 지혜를 많은 사람들이 함께하면 좋겠습니다.

김정욱
상명대학교 전기공학과 교수(한국지능형스마트건축물협회장)

전기에너지 분야에서 평생을 바친 저자는 산업이 급

격히 변화하는 격동적인 시대를 관통하였고, 직장인으로 격변의 소용돌이에서 우뚝 자리매김을 하였다. 머지않아 인생 2막을 앞둔 작가는 주도적으로 자신의 인생을 브랜드화 하는 경험과 노하우를 간결한 언어로 쉽게 인도하고 있다. 인문학적인 면에서 핸디캡이 있을 수밖에 없는 공학 분야에서 이를 극복하고 후배들을 위해 삶의 다양한 식견과 태도에 대한 선진적인 방향성을 제시하고 있다. 인생의 지침서들이 왕왕 발간되기는 하였지만, 특히 기대되는 이유는 평생을 에너지 분야에서 실무와 정책 및 해외 적용 등 현장에서 치열하게 몸으로 체득하고 얻어낸 소중한 경험에서 나오는 언어이기 때문이다.

신호전

한국기술사회 여성위원장(발송배전기술사)

한 사람의 생각을 훔쳐보는 것은 즐거운 일이다. 김형중. 그는 에너지 업계에서 실무 경험으로 잔뼈가 굵은 전문가이다. 중년의 나이에 우리 사회의 미래에 대한 고민. 본인이 겪어 왔던 소소한 삶에서 묻어나는 아쉬움. 후배들에게 해주고 싶은 진솔한 이야기…. 그와 이 책을 통하여 대화해 보길 권한다.

김남규
SK멀티유틸리티 대표이사

RE-100, 기업의 에너지를 재생에너지로 충당하는 제도! 에너지 전문가인 글쓴이가 인생 RE-100을 이야기하고 있다. 평생을 현역으로 사는 것, 그것이 인생 RE-100이다. 창업을 넘어 창직의 시대이다. 창직이 바로 인생 RE-100다. 그대, 지금 매일 출근하는 그 자리에서 은퇴 후 창직으로 가는 다리를 만들어라. 이 책은 그 다리의 레버리지가 되어 줄 것이다.

김남형
마흔다섯에 창직을 선언하고 공직을 은퇴한 환경영향평가사

12년 전 변호사 자격을 취득하고 나서 첫 직장이었던

한국에너지공단에서 만났던 첫 팀장님. 일터에서 늘 해 주셨던 말씀들이 그때부터 저의 깊은 곳에서 늘 함께하고 있었는지, 마흔을 불과 몇 달 앞두고 있는 시점에서 이 책이 전파하는 메시지는 저에게 더욱 큰 떨림이자 울림으로 다가왔습니다. 어느 조직에서 무슨 일을 하든지 퍼스널 브랜딩의 시대입니다. 비슷한 생애주기에서 비슷한 화두로 고민 중인 분들이라면, 이 책은 더없이 소중한 시간을 선물해 줄 것이라 생각합니다.

이진성

김앤장 법률사무소 변호사

눈부신 3차 산업을 마무리한 3.0 세대들이여. 새로운 4차 산업형 인재로 퀀텀 점프하라. 이 책은 여러분이 겪는 현실적인 두려움을 극복하게 해주는 깊고 놀라운 인사이트가 담겨있다.

강환규

봄들애 인문교육 연구소 대표

4050세대가 100세 시대를 지혜롭게 살아가기 위하여 자신의 가치를 극대화하고 평생 현역으로 살아갈 수 있는 삶의 가이드를 작가의 통찰력과 실천 경험을 바탕으로 이해력 깊게 제시되어 있습니다. 4050세대의 생존 매뉴얼로 강력히 추천드립니다.

최영준

㈜피엠그로우 사업2본부장

저자님과 책을 읽고 글을 쓰는 동료로서 제 책이 나온 것처럼 반갑습니다. 에너지 박사님다운 에너지 가득한 책 기대가 큽니다. 이 책과 함께 직업인으로서의 준비 시작입니다.

조소영

기아자동차 작전지점 지점장

더 큰 미래,
당신도 볼 수 있다!

🔍 4050, 세상이 변하고 있는 것을 보고 있는가

언제부터인가 100세 시대라는 단어가 우리에게 친숙해졌다. 그만큼 우리는 고령화 시대에 접어들었다. 이것이 주는 신호는 분명하다. 100세까지 우리는 무엇인가를 하긴 해야 한다. 고령화의 시대가 우리에게 주는 숙제는 늘어난 수명만큼 무엇인가를 대비해야 하는 것을 알려주고 있다. 이와 더불어 산업의 생태계가 바뀌고 있다. 인간의 노동력을 이제 로봇이 대체하기 시작하였고, 많은 정보를 탑재한 AI는 우리의 창의력과 경쟁을 하는 형국에 이르렀다.

이제 직업의 형태가 바뀌고 있다. 코로나19 이후에 온라인 회의를 하는 것이 일상화되었고, 직업을 여러 가지 갖는 것도 이제는 더 이상 이상한 일이 아니다. 나의 경험으로 보자면, 지금 배운 대학전공으로 평생을 버티기는 어려울 것이라는 생각이다. 대학을 졸업하고 10~20년 근무한 이후에는 단기적인 학습이나 교육을 통해 본인의 경험과 지식을 융합하고 새로운 형태의 모습으로 진화하지 않으면 안 되는 세상이 될 것이다. 이렇게 세상과 직업은 변하고 있다.

이 책은 직장에 다니는 사람이 직업인으로 살아가면서 자기의 가치를 발견하고, 자기를 만들어가는 방법에 대해 알려주고 있다. 우리는 이 사회에서 어떤 자세와 마인드로 살아가야 할 것인가에 대해 생각해야 한다. 우리가 살아오면서 업무적으로나 상식적으로 알고 있는 사실을 조금 더 객관화하여 세상을 바라보는 관찰력을 기르고 실행할 수 있는 힘을 키운다면 당당한 퇴직을 맞이할 수 있을 것이다. 이 책을 통해 세상을 바라보는 안목을 길러 본인이 꿈꾸는 세상을 향해 나아갈 수 있도록 도움이 되기를 바란다.

♀ 직장인, 더 이상 직장인이어서는 안된다

나는 공공기관에 취업한 지 거의 30년이 되어 가는 직업인이다. 나와 같은 회사를 다니는 동료들과 종종 퇴사 이후의 삶에 대해서 이야기를 나눌 기회가 있다. 모든 사람이 그러하듯이 동료들은 자기 미래에 대한 불확실성에 대해 체감은 하고 있지만, 아직까지 남아 있는 퇴직 날짜를 위안을 삼고 있는 사람이 대부분이다. 그런데 퇴직 날짜가 임박한 선배들의 모습은 상황이 다르다. 최근 에너지 문제가 사회적으로 이슈가 되고 해당 분야의 전문가를 찾고 있어 취업자리는 나오고 있기는 하지만, 그 대우가 현직만 못하다. 왜 미리 회사를 다니면서 준비를 하지 않은 것일까? 전략적으로 준비하고 대응하면 훨씬 좋은 조건으로 취업을 하거나, 본인이 창업을 할 수 있을 것이라 생각해본다.

최근 일본에서는 '사축(社畜) 인간'이라는 신조어가 있다고 한다. 사축은 회사와 가축을 합친 말로, 자의와 무관하게 회사의 가축처럼 길들여져 일에 온몸을 갈아 넣은 직장인을 가리킨다고 한다. 이 무자비한 단어를 보면서 나는 또한 번 직장인의 삶을 생각하게 된다. 우리는 인간이긴 한데 자칫 잘못 생각하게 되면 자율성과 창의성이 결여된 '사축 인간'으로 될 수밖에 없을 것이다. 따라서 직장을 다니더라도 직업인의 자세를 가지는 것이 중요해진다. 직장 내에서 세상과 맞닿을 것을 찾고, 내 본연의 것을 조직에 적용하고 실험하다 보면 직장인으로서의 한계를 벗어날 수 있을 것이다.

정년을 마치고 떠나가는 선배님들의 모습을 보고 있노라면, 낭떠러지 앞에 순서를 기다리고 있는 도미노와 비슷하다는 생각이다. 팀장 직위를 맡은 후부터는 나도 언젠가는 저 자리에 있을 것이라고 절실하게 느끼고 있다. 낭떠러지가 아니라 저 너머로 건너갈 수 있는 다리를 만들어야 한다. 내 삶의 레버리지는 금전적인 부도 중요하지만, 무엇보다도 자신이 무엇인가를 할 수 있다는 자신감과, 그리고 그것을 뒷받침해줄 수 있는 실력이 후행되어야 한다는 것이다.

직장을 다닐 때보다 직장 이후에 나는 어떤 모습으로 살아갈 것인가를 한번 생각하면 내가 무엇을 해야 하는지가 명확해진다. 직장 내에서 나를 괴롭히는 것들에 스트레스 받느니 차라리 이 회사를 나가서 어떤 일을 하고, 어떤 사람을 만나는 것을 생각하면 직장인에서 직업인으로 마인드를 바꾸는 데 많은 도움이 된다. 그리고 미래의 나를 만나게 되는 또 다른 기쁨을 얻을 수 있다. 물론 현재 직장에서 경제활동을 하기에 많은 의미가 있는 곳이지만 언젠가는 떠날 곳이기 때문에 객관화하여 바라보는 연습을 해보자. 훨씬 자유로운 나를 만나고 싶지 않은가.

나는 현재 다니고 있는 직장에 근무 중 파트 타임으로 석사, 박사학위를 취득하였다. 그리고 기사, 기술사 자격증까지 취득하였다. 또 입사 이후 대학에 다닐 때보다도 높은 토익 점수를 받기도 했다. 돌이켜보면 30년 가까이 직장생활을 하는 가운데 많은 시간을 공부하는 데 시간을 보냈다. 하지만 여기에서 중요한 사실이 있다. 내가 하고 있는 업무를 자기계발과 연계를 시키는 것과 그렇지 않은 것에는 많은 차이가 있다는 점이다.

가장 중요한 것은 나의 일을 잘 하는 것이다. 그리고 자격증이든 학위든 '나'라는 상품을 객관적으로 보여줄 증명을 만드는 것이 필요하다.

또 직장생활을 하다 보면 많은 보직을 경험할 수 있다. 내가 겪은 업무와 보직은 시간이 흐르고 난 뒤 생각해보면 소중한 경험과 자산이 된다. 이러한 것을 잘 엮는 사람만이 직장 내에서 성공할 수 있고, 직장을 떠나서도 당당하게 살아가는 법이다. 나의 무기가 되는 콘텐츠를 직장에 다닐 때 만드는 것이 비용과 대비해 가장 효과적인 방법이다.

♎ 직업인이 보아야 할 인생 가치, 그리고 평생 현역을 만드는 힘

나는 지금 회사에 다니면서 나의 직업적 사명을 만드는데 많은 노력을 해왔다. 현재 내가 담당하고 있는 업무는 에너지 기술과 관련하여 정부 정책을 지원하고, 집행하는 일이다. 정부와 민간의 중간 위치에서 나의 전문성을 찾는다는 것은 쉬운 일이 아니었다. 그리고 직급이 올라가게 되면서 실무에서 손을 놓게 되고, 관리를 하는 사람으로 역할이 바뀌게 되었다. 이러다가는 아무 쓸모 없는 인간이 될 것 같은 생각에 여러 가지 시도를 하였다. 자격증 공부를 한다거나 독서를 하면서 또 다른 실무 근육을 키우고, 바깥 사람들과의 네트워크를 강화해 나가면서 또 다른 학습공간을 확대해 나갔다.

보이지 않는 것을 보는 힘을 기르는 데에는 자기 분야에서 실력을 기르는 것이 가장 중요하다. 그리고 그 분야를 돋보이고 강화해 나가는 과정에서, 학위 공부를 한다거나 자격증을 취득하는 일이 필요하다. 스펙이라는 측면에서 학위와 자격증은 쓸모없는 것이라 치부할 수 있지만, 실력과 조합된 스펙은 현장에서 더 강력한 힘을 발휘한다. 자기 계발의 시작은 역시 독서이다. 책을 통해 만나본 수많은 멘토는 나에게 세상 너머를 볼 수 있는 힘을 제공해주었다. 이 단계에서 더 나아가는 길이 글쓰기와 책쓰기가 될 것이다. 책을 쓰는 활동은 진정한 자기 만들기의 완성이라고 할 수 있겠다.

나는 직업인으로 살아가는 데 가장 먼저 할 일은 직업적 소명을 만들고 지속적으로 쌓아가는 과정이라고 생각한다. 최근 퍼스널 브랜딩이라는 개념이 확산되고 있다. 이때 나를 고유한 '무엇'으로 정의하고 확립하는 것이 필요하다. 아마 이 단계에 들어서면 직업인으로 살아가는 마인드가 장착될 것이다. 나의 길을 굳건하게 걸어갈 수 있게 된다. 회사의 변화무쌍한 정책도 큰 장애요인이 되지 않는다. 나는 나의 길이 있기 때문이다. 내가 충분히 자신감이 있다면 그때 나의 퇴사일은 내가 정해도 된다. 그것이 바로 직업인이 할 수 있는 용기이자 특권이 된다. 그렇기 때문에 직업인이 되어야 하는 것이다.

그리고 나는 독자들에게 이 말을 꼭 전하고 싶다.

더 큰 미래, 당신도 볼 수 있다!

Contents

Chapter1. 세상의 판이 바뀌고 있다

Chapter.2 삶의 생태계가 바뀌고 있다!

Chapter.3 보이지 않는 것을 보는 힘

Chapter.4 나를 성장하게 하는 실행의 힘

Chapter.5 평생 현역을 만드는 힘

Chapter.1

세상의 판이
바뀌고 있다!

100세 시대,
축복인가?
재앙인가?

고대 로마 철학자 세네카는 "인간의 수명은 125세까
지 살 수 있는데, 100살도 살지 못하고 죽는 것은 자살
과 똑같다"라는 말을 남겼습니다. 이는 지금이나 2000
년 전이나 100살 넘게 천수를 누리는 게 소망인 듯 싶
습니다.

〈인간수명의 한계는 120세? 100세 시대 나의 수명은〉,
《매경헬스》(2023.4.17.)

내가 신입직원일 때 부서장인 분이 계셨다. 당시에는 만
58세가 정년으로, 1년 정도 나의 부서장으로 근무를 한 이

후 퇴사를 하셨다. 그리고 10여 년 지나 그분의 부고를 접하였다. 당시에는 70세 전후에 부모님 세대가 돌아가시는 것이 흔한 일이었다. 하지만 지금 종종 조문을 하게 되면, 돌아가시는 분의 연세가 90대가 보통이다. 그 전에 돌아가시면 다들 더 사셨어야 한다면서 그분의 짧은 삶을 아쉬워하기도 한다. 우리 인간의 수명은 늘어나 이제는 100세를 바라보는 시점이 되었다.

최근 인간 수명 100세 시대를 일컫는 용어인 '호모 헌드레드'가 있는데, 같이 살펴보자.

▶ **호모-헌드레드** (출처 : 네이버 지식백과)

소수의 사람들만 가능하다고 여겼던 100세 장수가 보통 사람에게도 해당되는 시대가 오면서, 현 인류의 조상을 '호모 사피엔스(homo-sapiens, 생각하는 인간)'라고 부르는 것에 빗대어 등장한 용어다.

이 용어는 유엔이 2009년 작성한 '세계인구고령화(World Population Aging)' 보고서에서 의학기술 등의 발달로 100세 이상의 장수가 보편화되는 시대를 지칭하면서 만들어졌다. 유엔 보고서에 따르면 평균수명이 80세를 넘는 국가가 2000년에는 6개국에 불과했지만,

2020년에는 31개국으로 급증할 것으로 예상하며 이를 '호모 헌드레드 시대'로 정의했다.

호모-헌드레드 시대가 도래함에 따라 개인적인 노력뿐 아니라 사회 전체의 각종 시스템 변화가 요구되고 있으며, 앞으로 언제 어디서나 의료서비스를 제공하는 U-헬스 산업이 각광을 받을 것으로 예상된다.

☿ 100세 시대의 명암

'구구팔팔일이삼'이란 말이 있다. 100세 시대에 있어서 '구십구세까지 팔팔하게 살다가 하루이틀 앓고 사흘만에 죽자'는 말이다. 그만큼 무병장수는 모든 사람이 원하는 삶이 된다. 수천년 전 불로초를 구하여 불로장생을 하려 하였으나 49세의 나이로 생을 마감한 진시황을 떠올리면, 수명에 대한 간절함이 느껴지기도 한다. 하지만 최근 의학기술과 건강산업의 발전으로 인해 우리 인간의 수명은 100세에 가까워지고 있는 것은 당연한 현실이다. 이제 100세까지 어떻게 살아야 하는지가 새로운 과제가 되고 있다.

돈 많고 건강을 지키면서 100세를 살아간다는 것은 축복이 될 수 있다. 하지만 병들고 돈이 없는데도 오래 사는 것은 재앙이 된다. 이 좋은 세상에 건강하게 장수하지 못하는 것은 나와 가족, 더 나아가 사회에 '죄악'이 될 수 있다. 자기에게 부여된 수명대로 온전한 삶을 살아가면서, 사회에 기여하면서 소명을 다하는 것이 바람직한 삶이 되기 때문이다.

2025년이 되면 우리나라 전체 인구 중 1/5이 65세 이상이 되는 이른바 '초고령사회'로 진입하게 된다. 초고령사회로 유명한 일본과 같이 우리나라도 노인 인구가 전체 인구의 20% 이상이 된다. 여기에 중요한 사실이 있다. 우리나라 76세 이상 2명 중 1명은 '가난'의 상태에 있으며, 노인 빈곤율이 OECD 국가 중에서 불명롭게 1위를 차지한 것이다. 노인 소득 빈곤율이 40%를 넘는 나라는 한국밖에 없다는 것이다. OECD는 한국의 연금 제도는 아직 미성숙하며, 연금 수령액도 매우 낮은 수준으로 평가하고 있다. 초고령사회로 진입하는 데 있어서 우리나라의 정책 변화도 필요한 시점이지만, 개인이 자신의 삶을 위해서라도 100세 시대를 현명하게 대응하여야 할 것이다.

🗨 100세 시대를 살아가는 지혜

연세대 철학과 김형석 명예교수의 삶은 언제나 우리에게 모범적인 삶의 태도와 모습이 되어주고 있다. 김 교수의 주치의는 김 교수의 장수 비결을 식이요법이나 운동이 아니라 일을 사랑하고 긍정적인 사고를 지녀 음양의 조화처럼 정신과 육체가 균형을 이루고 있기 때문이라고 말하고 있다. 김 교수가 생각하고 있는 인생관을 알아보자.

'건강이 목적이 아닌 어떻게 사느냐에 초점을 두면 건강이 따라오게 되어 있다.'

'건강이 중요한 문제가 아니라, 일할 수 있고, 다른 사람에게 작은 도움이라도 줄 수 있을 때까지 살았으면 좋겠다.'

결국 자신이 생각하고 그리는 삶을 살아가고, 다른 사람과 나누는 삶을 실천하는 것이 풍요롭고 아름다운 삶이 된다는 의미로 받아들이면 좋을 것이다.

김 교수가 말하는 장수 비결을 공유하니 각자 자기의 습관이나 삶의 방식을 점검해 보는 것도 좋겠다.

- 오전 6시 기상하고, 일주일에 이틀은 수영한다.
- 하루에 한 시간씩 산책하고, 낮잠을 잔다.
- 흰쌀밥을 멀리 하고 잡곡밥을 먹는다.
- 매일 잠들기 전에 일기를 쓴다.
- 정신적으로 늙지 않기 위해서 항상 공부를 한다.

100세 시대를 살아가는 데 있어서, 삶을 마무리할 때까지 충분한 경제력을 갖추는 것이 필요하다. 나중에 다시 말하겠지만, 일을 할 수 있는 본인만의 기술과 능력을 갖추는 것이 중요하다. 일을 할 때만이 삶의 에너지를 얻을 수 있다. 결국 직장에서 직장인으로 살아가는 자세와 태도로부터 직업인의 가치와 마인드를 만들어 가는 것이 100세 시대를 살아가는 지혜가 될 것이다.

저성장의
시대가 왔다

한국 경제에 적신호가 울리고 있다. 경제협력개발기구(OECD)는 올해 1.9%, 내년 1.7%로 한국의 잠재성장률 전망치를 내놨다. OECD가 2% 미만으로 잠재성장률을 추정한 것은 처음이다. 국제통화기금(IMF)은 내년 2.2%로 성장률을 하향 조정했다. 국회예산정책처는 2040년대부터 제로(0) 성장을 예측하고 있다.

  – 〈잠재성장률 추락이 주는 경고〉,《한국경제》(2023.11.21)

우리 주위를 둘러보면 경기가 좋지 않다는 말을 하는 사람들이 대부분이다. 그것도 앞으로 더 심화된다니 걱정부터 앞서기도 한다. 나도 몇 년 후 퇴사를 하고 제2의 인생을 시작하여야 한다. 내가 지금 맡고 있는 업무는 정부 정책을 지원하면서 예산을 합리적으로 집행하는 업무가 대부분이다. 말 그대로 월급 걱정하지 않고 지금껏 살아온 것이다. 나 스스로 수입을 만들어내는 DNA는 취약하다고 보아도 무방하다.

하지만 이제는 달라져야 한다고 말하고 싶다. 우리는 세상이 변하고 있는 것을 볼 수 있는 힘이 있어야 하고, 평생 현역으로 살아가는 힘을 기르는 것에 관심을 가져야 할 것이다.

나는 1996년 1월에 지금의 회사에 입사한 이래, 30여 년간 한 직장에서 근무해오고 있다. IMF 사태를 겪기도 했지만, 공공기관에 입사한 이후라 넉넉한 보수는 아니었어도 월급도 제때 나오고, 경제적인 불편함을 그다지 느끼지 못하고 직장생활을 해오고 있는 것은 사실이었다. 입사 초기의 사회경제적인 분위기와 지금을 비교하자면, 그야말로 격세지감이라고 말할 수 있다. 우리나라가 성장지세에 있었던 당시는 지출 예산이 넉넉한 편이었지만, 지금은 공공

32

부문부터 예산을 절감하고, 민간도 최소한의 비용을 지출하는 분위기가 형성되었다.

♀ 잠재성장률의 의미와 일본의 사례

인용문에서도 언급되었듯이, OECD는 우리나라의 잠재성장률을 올해 1.7%로 전망하였다. 우리나라 국회예산정책처는 2040년부터 제로성장을 예측하고 있기도 하다. 한국경제연구원의 분석에 따르면, 우리나라 임금상승률은 주요 5개국보다 2.5배 높은 반면 2021년 시간당 생산성은 OECD 국가 중의 28위로 나타나고 있다. 서비스산업의 낮은 생산성으로 인해 성장률 정체의 원인이라는 연구 결과가 있기도 하다. 또한 인구절벽이 저성장에 한몫하고 있다. 60세 이상 근로자 비율도 증가하고 있으며, 고령화가 가계소득 불균형을 심화시키고 있다고 한다.

한 나라의 경제력을 언급할 때 자주 인용되는 잠재성장률에 대해 함께 살펴보도록 하자.

▶ **잠재성장률** (출처 : 네이버 지식백과)

물가 상승을 유발하지 않고 달성할 수 있는 성장률

이다. 즉 한 나라 경제가 보유하고 있는 자본, 노동 등 생산요소를 모두 활용했을 때 달성할 수 있는 성장률이다. 가용 생산요소가 완전고용된 상황에서 이룰 수 있는 최대 성장치이다. 이에 비해 실질성장률은 실제 총수요와 총공급이 균형을 이룬 수준을 의미한다. 실질성장률에서 잠재성장률을 뺀 국내 총생산(GDP) 갭이 마이너스(-)면 생산능력 안에서 경제활동이 일어나고 있다는 것을 의미하며 인플레이션 압박이 발생하지 않는다. 반면 GDP 갭이 플러스(+)면 실질성장률이 잠재성장률을 초과하는 상황으로 경기과열·인플레이션 등이 발생한다.

– 출처 : 네이버 지식백과 (매일경제, 매경닷컴)

낮은 경제성장률은 '잃어버린 30년'으로 우리에게 잘 알려져 있는 일본에서 찾아볼 수 있다. 일본은 한때 세계 2위의 경제력을 보이며 막강한 영향력을 보인 적이 있었으나, 오랫동안 경기침체에 있었다. 최근 회복되는 조짐이 보이고 있다고는 하지만, 이를 벗어나지 못하고 있다. 많은 국내 경제전문가들은 우리나라가 낮은 잠재성장률이 지속된다면, 일본과 같이 장기적인 경기침체로 이어질 수 있다고 경고하고 있는 것은 이제는 흔한 이야기가 되었다.

《헤이세이(平成) 일본의 잃어버린 30년》에서 일본의 실패 원인을 일본을 강타한 두 차례의 대지진, 후쿠시마 원전 사고라는 대참사, 과거 우리에게 친숙한 소니가 전자 분야에서 선두자리를 우리나라 기업 LG전자, 삼성전자에 내주는 등 일본 기업이 글로벌 트렌드에 적응하지 못한 것으로 들고 있다. 또한 1980년도 경제 버블의 붕괴 현상이 있었고, 1990년대 글로벌화에서 적절한 대응에 실패하여 일본의 경기침체는 오랫동안 지속되었다. 우리는 이러한 상황을 잘 지켜볼 필요가 있다.

☯ 저성장이 알려주는 신호

우리나라 2023년 2분기 기준 출생율이 0.7명으로 집계되었다. 2016년의 출생율이 1.17인 것을 감안해보면, 급속한 감소세가 뚜렷하다. 이러한 출산율 감소는 향후 우리나라의 경제인구가 줄어들 것임을 암시한다. 회사 후배 여직원들과 이야기를 해보면, 더욱 더 참담한 이야기를 듣게 된다. 사교육을 포함한 교육제도와 보육시스템이 체계적으로 정비되지 않는다면, 출생율은 더이상 나아지지 않을 것이라 힘주어 말한다. 공공부문에서 일하는 직원조차 그런 말을 한다는 것은 민간부문과 자영업을 하는 사람들에게는 출산과 육아는 '남의 얘기'이자 '그림의 떡'이 될 것이다. 저출산을 우려하는 일본은 1.26인데 비해 우리나라가 일본보다도 낮아지는 것은 다시 한번 생각해 볼 일이다.

이번에는 사회격차에 대해 알아보자. 이러한 현상은 사회적 중간계층이 붕괴되는 과정 중 일본에서 시작된 양극화에서 비롯되었다. 세대간의 소득분배가 악화되었고, 핵가족의 증가로 인해 가구별 소득도 양분되기도 하고, 부의 대물림도 이루어지고 있다. 이러한 원인은 장기적인 경기침체와 저출산과 더불어 고령화로 인해 가속화된 것이다. 양극화 현상은 산업부문에서도 그 격차가 커지고 있다. 제조업과 서비스업 간 생산성도 차이가 나고 있으며, 대기업과 중소기업의 생산성도 차이가 나고 있다. 고임금과 저임금 일자리의 격차도 심화되고 있다. 이러한 것은 나중에도 언급하겠지만, 수명이 늘어나게 되어 노령화가 가속되고 이에 따른 노인 빈곤이 사회적으로 큰 문제로 대두될 것이다. 한 인간의 삶의 마무리가 고통스럽게 다가올 수 있다는 것이다.

저성장이 가져다주는 신호는 우리에게 분명하다. 직장

인으로서 나의 여건을 냉철하게 재점검하고, 내 인생의 포트폴리오를 만들어가야 한다. 퇴직 이후의 시간은 너무나도 길다. 현재 나의 직장생활만을 안위하면서 살아가는 것은 너무나도 안타까운 일이다. 우리의 삶을 건강하고, 가치 있고, 지속가능하게 가져가야 할 것이다.

기후 환경이
위험하다

최근 1년간 지구 평균기온 상승 폭이 산업화 이전과 비교해 처음으로 기후 재앙을 막기 위해 약속한 '마지노선'인 1.5도를 넘어선 것으로 관측됐다고 영국 BBC 방송이 8일(2024. 2. 8. 현지시간) 보도했다.

〈펄펄 끓는 지구…〉, 《서울경제》(2024. 2. 9.)

임진왜란 당시 이순신 장군은 우리에게 친숙한 《난중일기》를 남겼다. 난중일기는 날씨, 일상과 업무의 기록, 그리고 개인적 심정에 이르기까지 많은 글이 담겨 있어 후세에 당시 상황을 이해하는 데 많은 도움이 되고 있다. 여러 대목에서도 나의 관심을 끄는 부분이 있는데 당시에는 남해에 많은 눈이 내렸다는 것이다.

▶ **난중일기 발췌** (출처 : 스타북스, 이순신 지음)

정유년 (1597년)

(11월 23일) 큰 바람이 불고 큰 눈이 내렸다. 저녁에 얼음이 얼었다고 한다. 아산 집에 편지를 쓰면서 눈물을 거두지 못했다. 자식에 대한 생각은 참기 어려운 정도이다.

(12월 23일) 눈이 세 치나 쌓였다. 순찰사(황신)가 진에 온다는 기별이 먼저 왔다.

이순신 장군이 남긴 기록에 따르면, 남해 바다에 겨울에 여러 차례 눈이 오고, 얼음이 얼고 날씨가 춥다는 것이 자주 언급되어 있다. 지금으로부터 430여 년 전 조선시대는 지금보다도 훨씬 추운 남해의 날씨였다는 것을 알 수 있다. 지금 남해 바다의 날씨는 어떠한가? 많은 눈이 온다는 날씨 예보를 좀처럼 듣기 힘들다.

역사적 사실에서 다시 현실을 바라보자. 이 지구는 우리

자식 세대를 넘어 후손들에게 물려주어야 할 인류의 가장 소중한 터전이다. 이러한 지구를 이념의 가치로 변질되지 않고, 사회적으로 성숙되고 과학적 근거를 지닌 실현 가능한 기후변화 정책이 만들어지고, 이를 실현할 각계 각층의 유효한 수단이 강구되어야 한다.

◌ 기후변화에 대한 국제 약속

작년말 아랍에미리트 두바이에서 COP28(제28차 유엔기후변화협약 당사국총회)이 열렸다. 지난 COP28의 주요 합의 내용은 기후위기의 주요 원인이 되는 화석연료로부터 멀어지는 전환(transitioning away)을 목표로 하고, 2030년까지 재생에너지 생산량을 3배로 늘리고, 온실가스 배출을 야기하는 석탄 화력발전소를 신속히 폐기하며, 신규 허가를 제한한다는 내용의 온실가스 감축안을 명시하는 데 합의하였다. 또 선진국이 기후위기를 겪는 개발도상국에 금전적 보상을 하도록 한 '기후 손실과 피해 기금'의 공식 출범도 이뤄졌다. 온실가스 다배출 국가인 중국, 인도, 사우디아라비아, 러시아 등이 서명하지 않은 한계가 지적되기도 했으며, 우리나라를 비롯해 전 세계 22개국은 원전을 청정에너지로 인정하는 '넷제로 뉴클리어 이니셔티브' 채택에 참여하기도 했다.

▶ **유엔기후변화협약 당사국총회**(COP : Conference of the Parties)

1992년 유엔 환경개발회의에서 체결한 기후변화협약의 구체적인 이행방안을 논의하기 위해 매년 개최하는 당사국들의 회의로, 약자는 'COP'이다. 첫 번째 COP는 1995년 독일 베를린에서 개최됐으며, 2020년 코로나19로 개최되지 못한 것을 빼고는 매해 열리고 있다.

– 출처 : 네이버 지식백과 (시사상식사전)

지난 2015년 파리에서 열린 기후변화협약(COP21)에서 전 세계 195개국은 산업화 이전(1850년~1900년) 대비 지구의 평균 기온상승의 폭을 장기적으로 1.5도 이내로 유지하기로 합의한 바 있다. 앞선 인용문에도 언급하였듯이, 최근 유럽연합의 기후변화 감시기구의 데이터에 따르면, 최근 1년간의 평균 기온 상승 폭이 산업화 이전에 비해 1.52도를 기록했다. 국제사회의 약속온도가 깨져버린 것이다.

지구온난화는 산업활동, 석탄화력발전, 자동차 운행 등의 이유로 온실가스가 발생하게 되는데 이러한 기체는 지구대기권 내에 지속적으로 머무르면서 지구의 온도가 지속적으로 상승하고 있다. 이에 해수면이 상승하거나, 기후 변화를 야기하고, 생태계 다양성도 위협을 받는 문제에 직면해 있다.

◎ 전세계적으로 나타나고 있는 이상 기후

기후 환경의 변화는 우리 삶과 밀접한 부동산, 금융 투자 등에 많은 영향을 줄 수 있다. 따라서 우리는 자녀들과 주택 구입, 직업 선택에 대해 이야기할 때는 기후 환경을 고려하여 조언할 수 있어야 한다. 그렇기에 우리는 전 세계적으로 나타나고 있는 기후 환경 분야에도 관심을 가지고 지켜볼 필요가 있다.

지구 기후 조절에는 대서양 해류 순환이 필수적인데, 이것이 인류가 대응하기 불가능할 정도로 빠르게 붕괴할 것이라는 전망이 있다. 대서양에서 바닷물의 순환이 이루어지고 있는데, 따뜻한 적도의 바닷물은 북극권으로 흐르고, 북쪽의 차가운 바닷물은 깊은 바다를 통해 적도로 내려오는 순환과정을 거쳐 지구의 온도를 조절하고 있는 것이다. 급격한 지구온난화는 이러한 순환시스템의 붕괴를 불러일

으켜 100년 이내 대변화를 가져올 것이라고 한다. 해수면이 1m 이상 상승해 해안 도시의 침수나 급격한 이상 기후 현상이 전망되고 있다.

우리나라의 기후 이상 현상에 대해서도 살펴보자, 여름철 날씨는 동남아와 비슷해지는 경향이다. 짧은 시간에 많은 비가 쏟아지는 집중호우가 자주 발생하고, 봄과 가을에는 가뭄이 심각해지고 있다. 이러한 현상은 더욱 더 가속화하여 우리 생활기반 시설을 위태롭게 할 것이다. 또한 식량 재배지가 바뀌었다. 예전에 '대구하면 사과'라는 공식이 있었는데, 이제는 경기도에서도 재배되고 있다. 제주도 특산물인 귤은 전남, 경남에서도 재배가 가능해졌다. 과일 재배지는 지속적으로 북상하고 있다. 동해안 명태는 사라지고, 제주도에는 아열대 어종이 나타나고 있는 실상이다. 우리 손자 세대에는 부산과 인천의 일부가 바닷물에 잠기게 될 수도 있다. 기후 환경에 따라 우리의 삶도 흔들릴 수 있다는 것을 반드시 명심하자.

우리에게
4차 산업혁명이란?

코로나19 팬데믹으로 4차 산업혁명이 가속화되고 휴머니즘이 강조되는 디지털 대변혁을 인류는 급속히 경험하게 되었다. 또 챗GPT 인공지능(AI)의 등장으로 그동안 문 앞에서 머뭇거리고 있던 새로운 문명대변혁의 미래에 인류는 등 떠밀리듯 들어와 버렸다.

〈새로운 문명대변혁, 인류혁명 시대를 대비해야 한다〉
《전자신문》(2024.2.20.)

2016년을 시작하며 세계경제포럼(WEF: World Economic Forum)은 전 세계인에게 새로운 화두를 던져주었다. 그것은 다름 아닌 '4차 산업혁명'이었다. 당시 슈밥 회장은 4차 산업혁명은 우리에게 급속한 속도로 다가올 것이고, 모든 시스템을 바꿀 것이라고 강조한 바 있다. 정보 통신 기술(ICT) 기반의 새로운 산업 시대를 대표하는 용어가 되었으며, 컴퓨터, 인터넷으로 대표되는 제3차 산업혁명(정보 혁명)에서 한 단계 더 진화한 혁명으로도 일컬어지고 있다.

▶ **4차 산업혁명** (출처 : 네이버 지식백과)

인공 지능, 사물 인터넷, 빅데이터, 모바일 등 첨단 정보통신기술이 경제·사회 전반에 융합되어 혁신적인 변화가 나타나는 차세대 산업혁명이다. 인공 지능(AI), 사물 인터넷(IoT), 클라우드 컴퓨팅, 빅데이터, 모바일 등 지능정보기술이 기존 산업과 서비스에 융합되거나 3D 프린팅, 로봇공학, 생명공학, 나노기술 등 여러 분야의 신기술과 결합되어 실세계 모든 제품·서비스를 네트워크로 연결하고 사물을 지능화한다. 제4차 산업혁명은 초연결(hyperconnectivity)과 초지능(superintelligence)을 특징으로 하기 때문에 기존 산업혁명에 비해 더 넓은 범위(scope)에 더 빠른 속도(velocity)로 크게 영향(impact)을 끼친다.

세계경제포럼 이후 많은 국가에서 4차 산업혁명과 관련된 정책을 앞다투면서 발표하기도 했다. 우리나라의 경우 'AICBM'이라는 용어로 재정의되기도 하였다. AICBM이란 AI(인공지능), IoT(사물인터넷), Cloud(클라우드), Big data(빅 데이터), Mobile(모바일)의 머릿글자를 이용한 합성어로 당시에 많은 기관과 기업에서 기존의 업무와 연계하려는 많은 노력을 하기도 하였다. 나의 경우도 내부 업무보고나 외부 발표자료에 4차 산업혁명의 도래와 관련성을 언급하기도 하였다.

산업혁명에 대한 이해와 의미

우리 인류에게 4차 산업혁명을 제대로 실감나게 알려준 것은 코로나19의 출현이다. 코로나19는 2019년 말에 중국에서 처음 발생한 이래 2020년부터 전 세계를 강타했고, 인류는 통제되었다. 최소한의 이동만이 허락되었고, 경제활동은 급속도로 위축되는 시점을 맞이하였다. 하지만 인류는 위기 속에 정보통신기술을 활용하는 지혜를 모았으며, 그 결과 우리의 생활방식, 업무방식이 변화할 수 있다는 것을 체험했고, 우리는 4차 산업혁명을 몸소 체험하는 세대가 되었다.

4차 산업혁명을 더 알아보기 전에 산업혁명의 기원을 살펴보도록 하자.

- 1차 산업혁명(1760~1820) : 18세기 영국에서 수공업 의존도의 산업에서 기계장치를 이용한 공장으로 변화하기 시작하였고, 대표적인 발명품이 증기기관과 방적기다.
- 2차 산업혁명(1820~1970) : 미국과 독일 주도로 석유, 전기, 내연기관이 발명되었고, 인류의 가장 빠른 발전이 이루어진 시기다. 대표적인 발명품으로는 백열등, 형광등, 전화기, 비행기, 텔레비전이다.
- 3차 산업혁명(1970~2010) : 미국 주도의 산업혁명이 이루어졌으며, 사람들 간의 정보 교류와 소통이 활발해진다. 대표적인 발명품이 컴퓨터, 인터넷, 핸드폰이다.
- 4차 산업혁명(2010~현재) : 스마트폰으로 사람들 간의 정보 교류가 활발해지고, 초연결사회와 인공지능 활용이 대중화가 되는 시대이다. 빅데이터, 3D프린터, 메타버스, 사물인터넷 등이 대표 기술이 된다.

과거 산업혁명에 비해 새로운 산업혁명이 태동하는 시간

이 단축되고 있다. 그만큼 과학기술의 속도가 빠르다는 말이 될 수 있다. 우리의 미래는 이제 불확실성과 변동성이 증대하고 있다. 이제 우리가 보아야 할 것은 4차 산업혁명으로 나타나고 있는 과학기술로 인해 사회가 어떻게 변화하고 있는지, 그리고 본질적으로 가치가 변하지 않는 것을 구분하여 바라볼 수 있으며, 해석할 수 있는 능력을 가져야 할 것이다.

🜨 4차 산업혁명 시대에 보아야 할 것

4차 산업혁명이 가지고 있는 키워드는 '연결'과 '지능'이다. 과거 인류의 역사는 역사의 연결을 통해 새로운 문화가 생겨났으며, 인류의 발전을 이끌어 내었다. 이제 과학기술의 발전으로 물리적인 도달 시간과 거리도 줄어들고 있다. 또한 인터넷 기반의 다양한 접속은 참여와 소통을 강화시켜 실제공간과 가상공간의 감각적 차이도 줄어들고 있다. 이제 초연결은 가속화될 것이다. 또한 챗GPT과 같은 생성형 AI는 우리에게 막대한 정보와 자료를 제공해주고 있다. 데이터는 축적되어 우리의 미래까지 제안해줄 수 있게 되었다. 4차 산업혁명은 거스를 수 없는 현실이다. 새로운 기술에 떠밀리지 말고 새로운 길을 찾아야 하는 것이 우리 중년이 해야할 과제가 되는 것이다.

코로나19 시대에 우리는 온라인으로 초연결사회를 경험하였다. 줌(Zoom)이라는 온라인 회의 플랫폼으로 거의 모든 회의를 가능하게 하였다. 실제 대면 회의와 같은 효과를 얻어낼 수 있었다. 코로나가 끝난 이후에 우리는 온라인-오프라인을 회의 여건을 감안하여 병행하기도 하면서 효과적으로 운영하고 있다. 실제로 일상적인 회의는 온라인으로 운영하면서 소통의 기회를 확대하고 있으며, 이때 자료와 정보의 공유를 통해 보다 합리적인 의사결정을 할 수 있도록 하고 있다. 결과적으로 이제 사람들은 선택의 폭이 넓어지고 있다. 이제 우리는 어떤 역할을 해야하는지에 대해 고민해야 할 시점이다.

앞서 이야기한 회의방식의 변화는 코로나19가 종료되고 4차 산업혁명 시대에 있어서 업무방식 전환의 한 예를 보여주고 있다. 우리는 세상이 엄청나게 빠른 속도로 변하고, 세상의 판이 바뀌는 것을 보아야 한다. 우리는 우리가 아는 만큼만 볼 수 있다. 똑같은 것을 보더라도 모두가 같은 것을 보는 것이 아닌 것이다. 4차 산업혁명 시대에 살아가면서 세상 너머의 큰 흐름을 읽고 대비하는 사람만이 디지털 시대에 적합한 인재상이 될 것이다.

기업은
어떻게 변하고 있나?

4차 산업혁명 시대에 자본은 디지털 혁명과 인공지능을 장착한 자동화를 통해 일자리 감소를 감수할 수밖에 없다. 일자리가 감소하면 자본과 노동은 극심한 대립상태에 빠지게 된다. 기업은 4차 산업혁명이 초래할 노동시장의 근본적 변화에 주목하면서 기술과 노동의 최적 결합을 찾아내서 산업 평화가 유지되는 가운데 지속 가능한 경영 체계를 구축해야 한다.

〈4차 산업혁명 시대의 노사관계〉
《한국경제》(2023.12.22)

내가 다니고 있는 회사는 매년 에너지전시회를 개최하고 있다. 1975년 제1회 전국연료사용기기전시회로 시작한 이래, 지금은 '대한민국 에너지대전'이라는 타이틀로 각종 부대 행사와 함께 매년 성대하게 추진하고 있다. 내가 입사했던 시절에는 열사용기자재(보일러류, 열교환장치 등)가 대부분이었고, 고효율 조명기기(형광등, 방전등)가 부가적으로 전시되었던 시절이 있었다. 그리 머지않아 신재생에너지(태양광, 태양열, 지열 등)는 물론 에너지저장장치와 전력변환장치 등이 주류로 바뀌었다. 최근에는 에너지 데이터를 분석하고 예측하는 기업도 전시회에 참가하고 있다. 불과 30년이채 안되는 시간에 열사용기기에서 전기에너지기기로 변하였고, 신재생에너지는 물론 데이터를 다루는 기업까지 생긴 것이다. 그만큼 기술이 급격하게 변하고 있다는 것을 알 수 있다. 기업은 새로운 도전으로 크게 성장하기도 하고 역사의 뒤안길로 사라지기도 한다.

4차 산업혁명 시대에 있어서 기업의 변화도 뚜렷하다. 코로나19를 겪는 동안 4차 산업혁명 기술을 체감했으며, 기업 혁신과 경영 환경의 변화를 여러 곳에서 찾아볼 수 있다. 장치나 장비, 기계시스템에 의존한 대량 생산 경제활동을 영위하던 시대는 더 이상 지속가능한 것으로 보기 어렵게 되었다. 최근 경영활동에 ESG라는 개념이 추가되었으며, 친환경기업의 이미지를 강화하기 위해 RE100 참여에도 적극적이다. 또한 유럽연합에서 발표한 CBAM으로 인해 수출 비중이 큰 국내 기업은 환경 대응이 큰 과제가 되고 있다.

◎ 친환경 기술이 대두되고 있는 시대

4차 산업혁명 시대에 있어서 기업환경은 과거 그 어느 때보다도 복잡한 함수를 가지고 있다. 우리 시대에 기본적인 기업 환경을 이해하는 것은 무엇보다도 중요한 항목이 된다.

▶ ESG (출처 : 네이버 지식백과)

'Environment', 'Social', 'Governance'의 머리글자를 딴 단어로 기업 활동에 친환경, 사회적 책임 경영, 지배구조 개선 등 투명 경영을 고려해야 지속 가능한 발전을 할 수 있다는 철학을 담고 있다. ESG는 개별 기업을 넘어 자본시장과 한 국가의 성패를 가를 키워드로 부상하고 있다.

▶ **RE100 (Renewable Electricity 100)** (출처 : 네이버 지식백과)

'RE100'은 '재생에너지(Renewable Electricity) 100%'의 약자로, 기업이 사용하는 전력량의 100%를 2050년까지 풍력·태양광 등 재생에너지 전력으로 충당하겠다는 목표의 국제 캠페인이다.

▶ **탄소국경조정제도(CBAM : Carbon Border Adjustment Mechanism)** (출처 : 네이버 지식백과)

유럽연합(EU)이 세계 최초로 도입하는 탄소국경세로, EU 역내로 수입되는 제품 가운데 자국 제품보다 탄소배출이 많은 제품에 대해 비용을 부과하는 것이다. EU 역내 저탄소 제품 생산 기업들이 외국 수입제품과 가격 경쟁력에서 뒤처진다는 지적에 따라 고안된 제도다.

♀ 노동시장과 기업의 변화

앞서 언급한 바와 같이, 기업 환경은 친환경 경영·에너지시스템·관리체계 구축이 필수적이 되었다. 과거 생산 일변도의 기업 활동을 통해 수출하는 것은 쉽지 않을뿐

더러 이 사회에서 존중받을 수 없게 되었다. 이러한 단계에 있어서 노동시장과의 마찰도 불가피해 보인다. 과거 영국에서 추진한 산업혁명 당시에도 '러다이트 운동(Luddite Movement)'이라는 기계 파괴운동이 일어나기도 했다. 기계가 없어져야 자신들의 직업을 되찾을 것이라고 믿었기에 수많은 실업자가 참여하기도 했다. 산업혁명을 거듭해오면서 자본과 노동은 지속적인 발전을 이루어내었다. 이제 우리는 디지털과 인공지능, 로봇시스템까지 우리와 공생하여야 한다. 일자리가 줄어들거나 나의 노동가치가 하락하게 되면 지속가능한 삶을 장담할 수 없게 된다. 현재 나의 업무 영역, 또는 사업 영역이 어느 곳에 위치하고 있는지를 살펴야 한다. 최소한 4차 산업혁명 기술을 이용하거나, 공생할 수 있도록 나를 만들어가도록 해야 한다.

에너지 분야에 근무를 하게 되면서, 대기업부터 중소기업에 이르기까지 많은 기업을 접하였다. 다른 분야에 있다가 에너지 분야에 투자를 하거나 사업을 영위하려는 기업도 있고, 그 반대인 경우도 있다. 특정 분야에만 종사하다가 도태되는 기업이 있는 반면, 꾸준함을 통해 시장에서 인정받아 크게 성장하는 기업을 볼 수도 있다. 대기업은 기업의 자체 관성이 커서 쉽게 무너지지 않고 꾸준한 것을 볼 수 있었다. 물론 안타까운 경우도 있기는 하다. 중소기업의 성장과 몰락을 지켜보는 것은 우리 인생의 스토리를 보는 것 같다. 내가 과장 직급에서 만난 어느 한 회사는 팀장직급에서 다시 만났을 때는 성장세가 뚜렷했다. 반면 성장 잠재력이 분명했음에도 불구하고 갖은 잡음으로 시장에서 사라진 기업을 보기도 했다.

세계경제포럼은 2016년 '일자리의 미래보고서'를 내놓았다. 2020년까지 세계 고용시장의 65%를 차지하고 있는 선진국 및 신흥 시장 15개국에서 710만 개의 일자리가 없어지고 210만 개의 새로운 일자리가 창출될 것으로 전망하였다. 특히 사무·관리 직업군은 전체 사라지는 일자리의 70%를 차지할 것으로 예상된다. 전문지식을 요구하는 의사·약사·판사·변호사와 같은 직업군도 결코 안전지대가 될 수 없을 것으로 전망하고 있다. 결국 생기는 일자리에 비해 없어지는 일자리가 많아진다는 말이 된다. 수명은 길어지고 있는데 일자리가 줄어든다면 우리의 노후는 비참한 종말을 맞이할 수 있을 것이다. 젊어서 노후까지 책임질 자금을 벌어놓든가, 지속가능한 경제활동이 가능한 시스템을 만들어놓아야 한다. 4차 산업혁명 시대는 결코 모두에게 축복이 될 수 없다는 것을 다시 한번 깨달아야 한다.

세계로
나아가는
K-문화

우리의 역사를 돌이켜볼 때 우리들의 가장 큰 문제점은 문화적 폐쇄성에 있었다. 그것이 우월의식에서 비롯되었건 자격지심에서 비롯되었건 간에, 결과적으로 우리들 삶을 망가뜨리고, 새로운 미래를 담보할 수 없게 만든 것임에는 의심의 여지가 없다. 우리 문화에 대한 적극적 해체는 자기 비하가 아니다. 그것은 오히려 자신의 제대로 된 모습을 확인할 수 있는 마지막 기회일지도 모른다.

《공자가 죽어야 나라가 산다》, 김경일

2012년 늦가을, 나는 핀란드로 출장을 다녀왔다. IEA 산하 국가 간 협의체에 한국대표로 참여하고 있었고, 당시에 나는 부의장 2명 중의 1명으로 선임되어 협의체의 예산을 총괄하는 역할을 담당하고 있었던 때였다. 따라서 각국 대표들과 소통할 기회와 시간이 많았다. 핀란드 대표는 헬싱키대학에서 전기공학박사를 취득하였으며, 나보다 나이가 한참이나 많았던 인생 선배였다. 그런 그가 회의가 개최되기 한달여 전에 메일을 보내왔다. 나만 괜찮다면 아이스하키 경기관람을 하자는 것이었다. 국내에서도 보기 힘든 게임이라 나는 흔쾌히 승낙하였다. 헬싱키 옆 에스푸 (Espoo)라는 곳에 3일간 회의를 하였다. 그곳은 에너지연구소(VTT)가 있는 곳으로 우리나라로 말하자면, 대전 대덕단지와 같은 곳이었다. 회의 전날 핀란드 대표와 만나 이른 저녁을 먹었고, 경기장으로 안내 받았다. 평상시 조용한 그였지만, 맥주도 한잔하면서 아이스하키에 대해 많은 이야기를 해주었다. 그중에 기억이 남는 것은 핀란드가 북방국가이기 때문에 아이스하키를 매우 좋아하며, 세계 순위도 매우 높다는 것이다. 박진감있는 게임이 끝나고 쉬는 시간이 되었다. 나는 내 귀를 의심하였다. 싸이의 〈강남스타일〉이라는 노래가 흘러나오고 있는 것이 아닌가.

오빠 강남스타일

강남스타일

낮에는 따사로운 인간적인 여자

커피 한잔의 여유를 아는 품격 있는 여자

밤이 오면 심장이 뜨거워지는 여자

그런 반전 있는 여자

🔍 싸이가 일깨운 K-pop

영어 가사가 아닌 한국말로 된 노래가 경기장을 강타하고 있었다. 많은 사람들이 노래를 따라하고 젊은 친구들은 싸이의 몸짓을 따라 하고 있는 것이 아닌가. 나는 핀란드 대표에게 약간 들뜬 기분으로 물어보았다. 이 노래를 잘 아느냐고 물었더니, 본인도 좋아하고, 가족 모두 좋아한다고 하였다. 흔치 않은 나라에서 만난 싸이의 〈강남스타일〉은 대한민국 국민이라는 것이 너무나도 자랑스럽게 했던 기억이었다.

반면 우리나라의 존재가 부각되지 않아서 설명하려고 해도 애를 먹은 적도 있기도 하다. 나는 1990년대 중반 유럽 배낭여행을 다녀온 적이 있다. 파리 에펠탑 인근에서 여행 도중에 만난 체육진흥공단 직원분이 귀국 전에 티셔츠를 주어 그 옷을 자주 입곤 했다. 그 이유는 한일월드컵을 소개하는 로고가 새겨진 티셔츠였다. 가끔 만나게 되는 외국인에게 한국의 존재감이나, 2002년 월드컵을 아느냐며 물어보는데도 별 신통치 않은 대답을 들었던 것이 대부분인 것으로 기억한다. 앞에서도 말했지만, 유럽 배낭여행을 다녀온 지 20년이 채 지나지 않은 시점에 음악 감각이 뛰어난 한 청년은 세계를 주름잡고야 말았다. 그것이 한류로 이어오고 있는 것이다. 이제 우리나라는 전 세계적인 팝스타로 자리매김한 BTS는 물론 여러 K-pop 아이돌이 전세계를 누비고 있다.

🔎 다문화국가는 이제 현실이 되었다

최근 베트남 출장을 다녀온 고등학교 동창이 이제는 동남아시아도 가까운 이웃나라이니 여러 형태의 비즈니스가 진행되기를 바라면서, 인구구조에 대한 이야기를 하였다. 동남아시아의 젊은 사람들이 한국에 들어와 일을 하고, 나이 많은 한국 노령층이 동남아로 가서 노후를 보내는 것도 좋겠다는 것이 주요 골자였다. 2020년 국가별 통계에 따르면, 한국의 평균 나이는 43.2세, 20세 미만 인구 비중은 16%, 기대수명은 83.6세로 나타났다. 반면, 베트남의 경우 평균 나이는 31.9세, 20세 미만 인구 비중은 29.5%, 기대수명은 73.7세로 나타났다. 통계로 보자면, 불가능한 이야기가 아니기 때문에 곰곰이 미래 모습을 생각하는 시간이 되기도 했다.

시골에서 장학사로 근무하는 친구 부인의 말을 빌리자면, 한국은 더이상 단일민족이라는 말을 하면 안 된다고 한다. 조금은 놀라운 사실이지만, 최근 어느 시골의 초등학교 입학생 7명 모두 다문화가정의 아이라는 것이다. 생각보다 빨리 다문화국가가 되어가고 있다는 것을 실감하였다. 이제는 다른 국가에서 온 사람의 문화를 이해하고, 국민으로 받아들이는 보다 수용성 있는 자세가 필요한 시점으로 보인다.

이 시점에서 〈시대예보 : 핵개인의 시대〉에서 송길영 작가의 말은 의미 있게 들린다.

'K가 적어도 '국가'는 아니라는 것을 알 수 있어요, 최소한 문화이고 사람입니다.'

그렇기에 그는 또 이렇게 말합니다.

'K의 오리지널리티는 From Korea가 아닌 Made by Korean'

이제 우리는 국가관에 사로 잡혀서는 세계화에 마주할 수 없는 현실이 되었다. K-문화는 이제 더 다양화되고, 확장되어야 한다는 것이다. 한국과 연결되고 한국을 이해하는 사람까지 확대하고, 한국사람으로 받아들여야 한다. 우리가 만든 문화를 확장할 수 있을 때 세계의 변화를 직시할 수 있는 여유를 가질 수 있을 것이다. 이러한 수용성과 확장성을 가질 수 있을 때, 우리의 문화가 성숙하다고 할 것이고, 그때 우리도 선진문화라고 말할 수 있을 것이다.

Chapter.2

삶의
생태계가
바뀌고 있다!

코로나19
이후의 삶

2020년, 코로나19는 인간이 얼마나 미력한 존재인지 고스란히 보여줬다. 강대국도 예외가 아니었다. 모두의 일상을 송두리째 바꿔 놨다. 국가 간 이동이 마비됐고, 사람과 거리를 두는 게 필수가 됐다. 오프라인은 '반(反)연결사회'가 됐다고 해도 과언이 아니다. 자연재해, 각종 질병을 대비해 온 인간의 그럴싸한 계획들이 '녹다운'됐다.

〈New Bis Books〉,《동아비즈니스리뷰》(2020.8)

2019년 11월 중국 우한에서 새로운 변종 코로나바이러스가 발생하였다. 2020년 1월은 아시아권부터 퍼지기 시작하였고, 2월부터는 전 세계로 확산되었다. 당초 '우한 폐렴'으로 불렸던 이 질환은 코로나19로 명칭이 바뀌게 되었으며, 우리나라의 사회시스템은 확산 최소화를 위한 체제로 돌입하였다. 누구라고 말할 것도 없이 마스크를 쓰는 것이 일반화되었고, 교통편도 최소한의 탑승객을 이송하는 방안을 강구하기도 하였다. 우리 회사도 2020년 초 해외출장자가 코로나19에 감염되었고, 연초부터 본격적인 관리체제로 돌입하였으며, 매주 초 관리부서에 각 부서 직원들의 건강 동향을 보고하기도 하였다. 가능한 한 모든 회의는 온라인으로 전환하였고, 코로나19라면 웬만한 문제는 양해가 되기도 하였다.

▶ **코로나바이러스감염증-19 (COVID-19, corona virus disease 19)** (출처 : 네이버 지식백과)

2019년 12월 중국 우한에서 처음 발생한 이후 중국 전역과 전 세계로 확산된, 새로운 유형의 코로나바이러스(SARS-CoV-2)에 의한 호흡기 감염질환이다. 코로나바이러스감염증-19는 감염자의 비말(침방울)이 호흡기

나 눈·코·입의 점막으로 침투될 때 전염된다. 감염되면 약 2~14일(추정)의 잠복기를 거친 뒤 발열(37.5도) 및 기침이나 호흡곤란 등 호흡기 증상, 폐렴이 주증상으로 나타나지만 무증상 감염 사례 빈도도 높게 나오고 있다.

나의 경우 코로나19 수칙을 잘 지키면서 상당 기간 감염되지 않았지만, 결국 피해갈 수는 없었다. 자녀가 학원에서 감염되었고, 주말에 같이 지내는 동안 몸의 이상 현상을 느꼈다. 간이진단을 한 결과, 시약에 양성 반응으로 나와, 이후 보건소에서 검사를 하였으며, 최종 양성으로 판정되었다. 당시 코로나19 초창기라 격리조치는 대단히 엄격했다. 앰뷸런스가 집 앞까지 왔으며, 나와 아이 두 명은 약 30분 정도 이동하여 모 기업의 연수원에 약 일주일간 격리되었다. 배정된 방에서 밖으로 나올 수 없었으며, 매 끼니마다 아이들을 챙겨주면서 힘든 시간을 보냈다. 증상은 불쾌한 감각이 지속되며, 매우 심한 감기에 걸린 듯한 증상이 3~4일 지속되었고, 퇴소하기 전에 비로소 증세가 완화되었다. 회사에서는 보건소에서 검사를 하여 음성이 나올 때까지 출근을 자제하라는 내부 방침이 있어서 원격 접속으로 업무를 처리하면서 상당 기간 집에서 시간을 보낸 적이 있다.

♎ 코로나19의 기억

코로나19는 우리에게 많은 변화를 주었다. '사회적 거리두기'라는 용어가 생겨나면서 일상의 공간에서 일정 거리를 두면서 살아가는 것에 익숙해졌다. 거리두기는 비단 공간적인 거리두기는 물론 심리적인 거리두기에도 많은 영향을 주기도 했다. 코로나19 확진자로 판정을 받게 되면, 사회적인 격리가 불가피하여 운동량이 부족하고 음식 섭취량이 증가하여 살이 찐다는 '확찐자'라는 우스갯소리도 유행한 적이 있다.

코로나19 당시에 자영업자를 비롯해 사회 각계각층에 대한 지원이 이루어진 시기이다. 각종 정부보조금이 지원되었다. 그리고 시장에 많은 유동성 자금이 풀리면서 주식시장에 대한 관심이 고조되는 시기이기도 하였다. 또한 많은 사람들이 재택근무 등의 이유로 집안에 머무르는 시간이 많게 되면서 코로나와 관련된 주식이 호황을 거듭하기도 하였다.

무엇보다도 주위 분들이 돌아가셨다는 말을 많이 접한

때로 기억한다. 친한 동료 부모님을 비롯해 신체적인 저항력이 부족한 많은 사람의 목숨을 앗아가기도 했다. 아주 특별한 경우를 제외하고는 조문을 하지 않는 것이 일반적이었다. 코로나19를 예방하기 위한 백신에 대한 우려도 많았다. 심장 계통에 나쁜 영향을 주어 별다른 지병이 없는데도 갑작스럽게 사망에 이른 경우도 많았다. 또한 백신의 부작용으로 인해 심한 후유증으로 정상적인 생활이 불가능한 사람도 나오게 되었다.

코로나19와 비교되는 100여 년 전 1918년 스페인 독감을 살펴보도록 하자. 스페인 독감은 인플루엔자 바이러스의 일종이다. 코로나 바이러스와 인플루엔자 바이러스는 감염시 증상이 비슷하나, 서로 다른 병원체다. 스페인 독감은 근대 이후 최악의 팬데믹으로 기억되고 있다. 제1차 세계 대전이 끝난 후 병사들이 귀향하기 위해 모인 캠프에서 발병한 것으로 추정하고 있으며, 감기 증상을 가지고 귀향한 병사들에 의해 전 세계적으로 유행하게 되었다. 전 세계 인구가 약 17억 명이었는데, 수천만 명이 사망한 것으로 추정하고 있다. 이제 바이러스로 인한 유행병은 언제든지 우리 인류를 위협할 수 있다는 교훈을 주었다. 하여간 코로나19는 건강과 수명에 치명적인 경고를 하고 지나갔다.

🔍 포스트 코로나 뉴노멀

코로나19는 이제 우리 곁에서 멀어진 듯하다. 코로나19 발병 이전으로 돌아가 다시 일상으로 복귀하였다. 하지만 우리가 코로나19를 혹독하게 겪는 동안 삶의 방식이나 가치관의 변화를 가져오기도 했다. 이제 포스트 코로나의 '뉴노멀'에 대해 생각해야 하는 시점이다. 이제 포스트 코로나 이후에 다가올 미래에 대해 살펴보도록 하자.

첫 번째, '디지털 전환'의 가속화이다. 사실 4차 산업혁명은 코로나 이전부터 진행되고 있었다. 디지털화는 우리 사회 전반을 아우르는 핵심기술이 되었다. 사물과 사람, 사물과 사물을 연결하면서, 데이터는 축적되고 더욱더 강력하게 결합할 것이다.

두 번째, '하이브리드 근무' 형태의 보편화이다. 코로나19 기간 동안 우리는 '재택근무'와 화상회의를 경험하였다. 이제 비대면 근무 환경으로 업무 공간은 사라지고 원격과 재택근무로 근무하는 방식으로 전환될 것이다. 하이브리드 근무는 사무공간의 축소와 일하는 방식의 혁신을 가져올 것이다.

 세 번째, '원격 의료'의 활성화이다. 코로나19 당시 한시적인 재택치료가 이루어졌다. 이제 우리 삶은 시간과 공간의 자유로운 선택이 가능한 구조로 진화될 것으로 전망하고 있다. 또한 초고령화 사회로 진입하면서 고급 의료서비스의 요구가 지속적으로 증가할 것이다. 원격 의료시장은 국민의 건강권을 위해 진화될 것이다.

 네 번째, '주거문화'의 변화이다. 과거에 집은 일상과는 분리된 가족 중심의 휴식공간이었다. 코로나19로 인해 주거지가 가족 공간 이외의 다목적 공간으로 진화될 전망이다. 언택트 근무와 재택 소비의 일상화로 노동과 생산, 소비가 가능한 공간이 될 것이다. 집안에서 많은 일들을 할 수 있는 공간 기능의 변화가 머지 않을 것이다.

 다섯 번째, '원격 교육'의 도입이다. 얼굴을 맞대지 않고 비대면으로 진행되는 원격수업이 새로운 형태로 자리 잡게 될 것이다. 대면 교육의 생생함과 전달성을 유지하기 위해서는 멀티미디어와 통신 기술의 도움이 필수적이다.

코로나19 이후에 사회 전반에 변화와 혁신이 도입되고 '뉴노멀'이 정착될 것이다. 내가 몸담고 있는 에너지 분야에 있어서도 새로운 혁신과 도전이 이루어질 것이라 기대한다. 새로운 미래는 항상 큰 이변이 나타난 이후에 더욱 빠르게 다가오기 때문이다.

Z세대,
그들은 누구인가?

아침 8시에 업무회의를 하자고 직장 상사가 얘기하자 그 시간에 헬스장 예약이 잡혀 있어서 회의에 참석할 수 없다는 Z세대 사원의 사연이 소셜미디어를 달궜다. 굳이 아침 8시에 회의를 잡아야 하느냐는 Z세대 옹호자들과, 업무가 먼저지 운동이 먼저냐는 직장 상사 지지자들의 의견이 팽팽하게 엇갈렸다.

〈헬스 가느라 '아침 8시 회의' 못온다는 Z세대〉,
《디지털타임스》(2024. 2. 3)

내가 다니고 있는 회사에 이제는 큰아이와 나이가 비슷
한 직원들이 속속 입사하고 있다. 신입직원의 부모 나이가
나와 같다고도 하는 경우도 있다. 이제 나는 우리 회사에서
Z세대와 같이 일하고 있는 부모 세대가 되어 버렸다. 이제
나는 그들과 소통하면서 성과를 내야 하는 부서의 리더가
되었다.

먼저, Z세대에 대한 정의를 살펴보도록 하자

▶ Z세대 (출처 : 네이버 지식백과)

밀레니엄(Y2000) 세대(1980년대 중반부터 1990년대 중반 사
이에 태어난 세대)를 뒤잇는 세대. 세대를 가르는 정확한
기준은 없다. 인구통계학자들은 일반적으로 1990년대
중반에서 2010년대 초반까지 출생한 세대를 Z세대로
분류하지만 언제까지를 Z세대의 끝으로 간주할 지에
대해서도 통일된 의견이 없다.

Z세대를 규정하는 가장 큰 특징은 '디지털 원주민
(Digital native)'. 2000년 초반 정보기술(IT) 붐과 함께 유
년 시절부터 인터넷 등의 디지털 환경에 노출된 세대
답게 신기술에 민감할 뿐만 아니라 이를 소비활동에도

적극 활용하고 있다.

투자은행 뱅크오브아메리카(BoA)가 2020년 12월 내놓은 보고서에 따르면 Z세대의 경제력은 모든 세대를 통틀어 가장 빠르게 커지고 있는 것으로 나타났다. 10년 후 이들의 경제력은 지금보다 5배 늘어난 33조달러에 달할 것으로 전망된다. 2031년엔 세계 개인소득의 25%를 차지하면서 밀레니얼 세대(1981~1996년생)마저 제칠 것으로 예측됐다. 현재 세계 Z세대의 90%는 신흥시장에 거주하고 있다. 이 중 25%는 인도인이다. 필리핀, 멕시코, 태국 등에도 Z세대가 많기 때문에 시장 잠재력이 크다고 BoA는 분석했다.

☌ Z세대에 대한 이해

MZ세대를 구분하는 기준은 차이가 있는데, 밀레니얼 세대는 1980~1995년 사이 출생한 세대를, Z세대를 1996~2000년 사이 출생한 세대로 보기도 한다. 태어나면서부터 디지털 환경에 익숙한 Z세대는 모바일을 우선적으로 사용하여 디지털 유목민이라고 하기도 한다. 소비패턴에 있어서 M세대는 실용적인 소비문화를 선호하는 반면,

Z세대는 자신의 취향을 중요시하여 디자인이 뛰어난 제품을 선호하기도 한다.

Z세대는 이제 사회문화를 바꾸는 주역으로 대두되고 있다. 그들이 생활하고 있는 직장, 학교, 심지어 군대문화까지 바꾸고 있다. 직장 내에서는 그들은 경험이 부족하지만 뛰어난 정보력을 바탕으로 직장의 일원으로 업무에 임하고 있으며, 군대에서는 휴대폰 사용이 허용된 세대이기도 하다. 이제 그들은 우리 사회를 이끌어가는 중추세력으로 성장할 것이다. 기성 세대는 그들과 공존하는 법을 터득해야 할 것이다.

최근 〈대학내일20대연구소〉가 한국, 미국, 중국 Z세대의 가치관에 대한 흥미로운 조사 결과를 내놓았다. 한국 Z세대는 '경제적 여유가 충분한 것'을 제일 중요한 것으로 응답을 보인 반면, 미국 Z세대는 '안정적인 가정을 꾸리는 것', '마음이 평화로운 것' 순으로 중요하다고 답했고, 한편 중국 Z세대는 '건강한 신체를 유지하는 것'을 1위로 꼽았다. 또한 부지런하고 생산적인 삶을 살아가기 위한 규칙적인 루틴을 중요하게 생각하고 있는 것으로 나타났다. 우리나라의 Z세대는 시간을 의미 있게 사용하기 위해 어학, 예체능, 재테크 등에 생산적인 자기계발을 지향하는 특성을 보이기도 했다. 이렇게 Z세대는 자신만의 가치를 중요시하는 가치관을 가지고 있다는 것을 알 수 있다.

♨ 기성 세대가 Z세대와 같이 공존하기 위해

MZ세대는 기존 우리 사회에 뿌리박혀 있는 유교문화라는 권위주의에 대항하는 세대라 할 수 있다. 윗 세대의 불합리한 지시와 간섭, 통제에 저항하고 있다. 이러한 사람을 '꼰대'라고 규정하여 무시하거나 반항하기도 한다.

신문과 방송에서 앞다투어 기사화했던 일화를 살펴보자. 70대 노인이 편의점 아르바이트 직원에게 반말을 하였는데, 직원은 반말로 응수했고, 노인이 욕설을 퍼부면서 경찰이 출동했으며, 결과적으로 이 노인은 벌금형에 처해지고 말았다. 그에게 '존중 받으려면 남을 먼저 존중하라'는 판결문을 내리기도 했다.

유교문화에 익숙한 우리는 나이가 든 사람에게 머리를 숙이는 것을 당연한 태도로 교육받아 왔다. 중요한 의사결정을 하거나 잘잘못을 따질 때도 어른들의 판단은 중요한 잣대가 되기도 하였다. 하지만 최근 젊은 세대들은 나이가 들었다고 어른들의 권위를 앞세운다면 관심을 보이지 않거나 무시하는 태도를 보이기도 한다. 나이 든 사람에게는 적지 않은 충격이 될 듯싶다. 하지만 이제는 세대 간에 존중하는 모습도 필요해 보인다.

상대방을 배려하는 대화는 그 자리에 함께하는 사람을 즐겁게 한다. 하지만 자기만 생각하는 사람과의 대화는 지루한 시간 낭비라고 생각하게 된다. 또한 미국 대학의 어느 연구 결과도 주목할 필요가 있다. 일반적으로 모르는 것을 모른다고 시인할 줄 아는 사람을 더 좋아한다는 것이다. 나이가 더 많으면서 어린 사람에게 배울 수 있다는 자세를 갖춘 사람에게 끌린다는 말은 우리에게 시사하는 바가 크다.

우리가 살면서 모든 것을 경험해 볼 수는 없다. 따라서 나이가 많다고 해서 무조건 모든 면에서 더 많이 아는 것은 아니다. 나의 한계를 인정하고 다른 사람으로부터 배우고, 이를 통해 더 넓은 세상으로 나가는 자세가 필요하다. 될 수 있으면 말을 적게 하고 상대방의 말을 새겨듣는 것부터 시작하면 좋겠다.

핵개인의
시대가 온다

"큰 재난으로도 다가올 수 있는 급격한 환경 변화를
자신만의 기회이자 스스로의 축복으로 변화시키는 방
법의 기본은, 시대의 큰 흐름을 읽고 그 안에서 끊임없
이 자신을 현행화하는 것입니다."

《시대예보 : 핵개인의 시대》, 송길영

'마인드 마이너(mind miner)'라고 자처하는 송길영의 최근
저서인 《시대예보: 핵개인의 시대》는 시대가 바뀌고 있음
을 역설하고 있다. 우리 사회 기저에 깔려 있는 과거의 '권

위'는 더 이상 지속가능하지 않고, 우리 중장년들이 새로운 개인적인 삶을 고민해야 할 시점이라고 말하고 있다. 새로운 변화 속에서 기존에 없던 존재인 새로운 개인을 '핵개인' 으로 정의하고 있다. 코로나19가 종식되고 본격적으로 진정한 21세기가 우리에게 오고 있고, 로봇과 AI가 일상으로 다가오게 하는 진보된 과학기술은 핵개인의 삶을 살아가게 한다는 것이다. 이제 우리는 핵개인의 삶을 주목해야 할 시점이기도 하다.

☿ 핵개인의 의미

《시대예보: 핵개인의 시대》에서는 '핵개인'을 정의하기 위해 다음의 표현을 빌려서 설명하고 있다.

"위로부터 아래로 억압적인 기제로 유지되던 권위주의 시대를 지나 이제 개인이 상호 네트워크의 힘으로 자립하는 새로운 개인의 시대가 도래했습니다."

"효도의 종말과 협력 가족의 진화, AI 최적화 시스템 속에서 기존에 없던 존재인 새로운 개인으로 살아가게 될 것임을 예견합니다."

'핵개인'을 우리가 알고 있는 '핵가족'의 파생어로 생각하면 부정적인 의미로 다가올 수 있는데, 그런 의미가 아니라는 것을 알 수 있을 것이다. 핵가족은 잘 알고 있듯이 과거 가부장적 제도에서 자식들이 결혼과 동시에 떠나게 되면서 최소한 단위의 가족을 이루어 살게 되면서 쓰였던 용어이다. 반면 핵개인은 100세 시대에 있어서 과거의 체제를 벗어나 개인으로서 소통과 성장을 지향하는 새로운 인간상으로 정의할 수 있다.

결국 핵개인이란, 중년으로 이 시대를 살아가면서 갖추어야 할 것은 시대변화를 수용하면서, 자기만의 가치를 만들고, 이것을 같이 하는 사람들과 공유하면서 살아가는 자세가 필요하다는 말로 해석하면 좋을 것 같다.

핵개인의 지향점

이 책에서 말하고 싶은 바는 '보이지 않는 것을 보는 힘(능력)을 기르는 것'의 중요성이다. 이를 통해 자기계발과 자기성장의 삶을 도모하고, 마지막으로 직장인의 삶에서 직업인의 가치를 발견하고 나를 만들어가는 것이라 할 수 있다. 앞서 우리가 살펴본 저성장 경제, Z세대의 성장, 100세 시대, 과학기술의 진보, 기후 위기와 같은 것은 우리 삶과 미래를 바꾸어 놓을 것이다. 세상의 판이 변하고 직업의 세계가 바뀌고 있는 것을 바라보아야 한다. 이것이 이번 주제에 말하고자 하는 핵개인의 삶이 될 것이다. 이제 핵개인이 가지고 있는 여러 관점에 대해 살펴보고자 한다.

첫 번째, 핵개인의 열린 세계관이다. 닫힌 국가관이 아니라 열린 세계관을 가져야 한다. 과거 우리는 단일혈통이라는 민족관을 가지고 살아온 것이 사실이다. 하지만 이제 다문화가정을 주위에서 흔하게 볼 수 있다. 대한민국이 만들어낸 '문화'에 대한 자긍심을 갖는 게 필요하다. 이러한 마인드를 장착하여야 우리는 세계로 나아갈 수 있을 것이다.

두 번째, 핵개인의 지능화와 자동화이다. 과거 우리가 알고 있는 정보와 지식은 우리가 입력하는 명령어에 따라 새롭게 생성될 수 있다. 따라서 생성형 AI와의 협업을 통해 새로운 가치를 만들어낼 수 있게 된다. 결국 인간의 창의력이 새로운 성과지표가 될 것이다. 또한 현재의 직업은 로봇과 AI의 출현으로 새로운 진화 국면을 맞게 될 것이다. 중년의 나이에 이러한 변화를 감지해야 하는 것은 너무나도 당연한 말이 된다.

세 번째, 핵개인의 경쟁력이다. 우리 자녀 세대에서는 세상이 기하급수적으로 빠르게 변화할 것이다. 과거 우리가 가지고 있던 경험과 지식이 오히려 장애물이 될 수도 있다. 결국 우리는 '지혜'로운 사람이 되어야 하는 것이다. 나에게 축적된 온갖 것들을 조합해 새로운 것으로 만들어 낼 수 있는 능력이 필요하다. 그리고 자기가 걸어가고 있는 분야에 대한 열정을 가지고 커리어를 만들어가면 주위 사람으로부터 호응을 얻을 수 있을 것이다. 이것이 핵개인이 살아가는 방법이 될 것이다.

네 번째, 핵개인의 자립이다. 우리 한국 사회를 지탱해 왔던 힘은 어쩌면 '나이'라는 울타리였다. 하지만 21세기는 과거 촌장 시절이 아니다. 나이가 들었다고 모든 것을 알 수는 없다. 나이 들었다고 무조건 지혜가 많은 것도 아니다. 결국 이 사회 구성원과 어떻게 살아가느냐가 중요한 것이다. 100세 시대에 우리에게 주어진 과제는 나이를 버리고, 역할에 충실하며 소통하는 일이 될 것이다.

다섯 번째, 핵개인의 출현이다. 이제 모든 이의 삶은 '서사(narrative)'가 된다. 내가 성장하고 실패한 기록은 스토리가 되고, 나의 브랜드가 될 것이다. 결국 먼저 해 본 사람이 시장에서 통하게 될 것이다. 나의 고유한 콘텐츠를 만들어 세상 밖으로 내어놓는 것이 필요하다.

결국 핵개인은 자기가 꿈꾸고 목표로 하는 길을 가는 사람이다. 세상이 변하는 것을 직시하고, 내 인생의 소명을 위해 살아가는 삶을 살아가자.

N잡러는
대세인가?

생계를 위해서가 아닌 '경험'을 위한 N잡러가 늘어나고 있다는 주장도 나왔다. 최영준 교수는 "과거에 'N잡'이라고 하면 생계형이라는 인식이 강했지만, 최근에는 개념이 바뀌고 있다"라며 "소득, 학력과 상관없이 N잡으로 살고 싶은 이들이 늘어나는 분위기도 반영된 결과"라고 설명했다.

〈2030세대 60% N잡러〉, 뉴스핌(2024.2.8.)

대리운전을 이용하여 집으로 오는 도중에 기사님과 여

러 이야기를 나누었다. 대리 기사님은 본래 낮시간의 직업이 있으면서, 밤에 몇 시간 동안 집중적으로 대리기사를 한다는 것이다. 부족한 수입을 메우거나, 새로운 목표를 위해 준비를 하기 위해 대리운전을 한단다.

나의 직장은 겸직이 제한되어 있어 추가적인 경제활동이 어려운 상황이다. 하지만 민간의 영역은 비교적 경제활동이 자유롭기 때문에 퇴근 이후에는 2개 이상의 직업을 가지는 경우가 늘어나고 있다. 이러한 사람을 'N잡러'라고 부르고 있다.

▶ **N잡러** (출처 : 네이버 지식백과)

2개 이상의 복수를 뜻하는 'N', 직업을 뜻하는 'job', 사람이라는 뜻의 '러(-er)'가 합쳐진 신조어로, 4차 산업혁명과 주 52시간 근무제 등 근로환경이 시대에 따라 변하면서 생긴 개념이다. 이들은 생계유지를 위한 본업 외에도 개인이 지닌 재능을 발휘하여 경제적 소득뿐만 아니라 자아실현으로까지 연결한다. 특히, '평생 직장'이라는 개념이 없어진 MZ세대는 취업을 했더라도 자신이 가지고 있는 목표를 성취하기 위해 부업이나 취미활동을 즐기면서 퇴근 후 시간이나 주말을 보낸다.

◎ N잡러의 다양한 모습

최근에는 먹고사는 문제를 떠나 자기가 하고 싶은 것을 하고 사는 MZ세대는 스스로 N잡러가 되기도 한다. 보수가 괜찮거나 정년이 보장되는 직장에 다니더라도 자기가 좋아하는 취미가 특기가 되어 남을 가르칠 수도 있고, 1인 크리에이터로서 활동할 수도 있고, 특정 분야에 있어서 파워 블로거가 되거나, 여러 형태의 모습으로 활동을 할 수 있다. 나의 지인은 교육분야에 종사하고 있으며, 운동에 조예가 깊어 운동을 가르치면서 건강을 유지하고, 다른 사람들의 건강한 삶에도 기여한다는 점에서 본인의 N잡에 대한 열정과 자부심이 대단하다.

나의 또 다른 지인은 고등학교 동문으로 네이버에서 파워 블로거이다. 여행과 방송을 주요 주제로 다루다 보니 일반인들의 관심이 높다. 내가 보아도 그의 글솜씨와 사진 찍는 기술은 전문가 이상이다. 자연스럽게 팔로워가 많아지게 되고, 여러 스폰서가 그의 활동을 지원하고 있다고 한다. 외국에서도 그의 경비를 지원해서 그 나라를 소개하는 블로그를 하기도 한다. 자기가 하고 싶은 일을 하면서도 수입을 올리는 1석 2조의 효과를 보기도 한다.

얼마 전에 접한 기사는 조금 색다른 N잡러의 사례였다. 20년 경력의 치과의사가 보험설계사가 된 것이다. 그의 직업 전문성을 활용해 병원을 찾는 환자들에게 적절한 치과보험을 추천한단다. 그는 부동산중개업자가 화재보험을, 자동차정비사가 자동차보험을, 사회복지사가 간병보험을 소개하는 보험설계사들이 많아질 것이라고 했다. 이러한 N잡러는 본연의 자기직업과 관련성이 있는 다른 직업과 연계하여 직업적 시너지를 낼 수 있을 것으로 보인다.

일본은 직장인들의 부업을 공식적으로 허용한지 5년이 지났다. 2022년 기준 전체 기업의 반을 넘어서는 53.1%가 부업을 허용하고 있는 것으로 보고되었다. NTT서일본, 레질(전력판매기업) 등은 사무실 내에 사무실을 마련해주고 있는 등 부업을 적극 권장하고 있다. 이들은 직원의 성장과 혁신 창출이라는 측면에서 지원해주고 있다고 한다. 일본 정규직은 부업 참여율은 아직 10%에 못미치는 것으로 나타났지만, 우리나라의 약 2%에 비한다면 높은 수준을 보이고 있다. 일본에서 시도되고 있는 N잡과 관련한 다양한 시도는 우리에게 많은 아이디어를 제공할 수 있을 것으로 기대한다.

🔍 직장인의 N잡러

여기에서는 N잡을 공식적으로 하는 데 제약이 있는 대기업, 공기업, 공무원이 참고하면 좋을 것 같다. 직장인이 N잡을 하기 위해서는 먼저 회사의 규정을 잘 알아보고 겸직조항을 참고하여야 한다. 대부분 겸업이 금지되어 있는 것이 보통이다. 이것은 업무수행 중에 취득한 정보를 이용하여 사적 이익을 방지하고자 규정화되어 있는 것이다. 공직에 있는 사람은 이러한 활동을 하기 위해서는 원칙적으로 소속 기관장의 허가를 받아야 한다. 나도 아래와 같은 상황에 있어서 겸직승인을 받아 활동을 하고 있기도 하다.

- 공익단체, 학회 등의 임원 (비상임)
- 대학(원)의 겸임 교강사

공직에 근무하는 경우에는 대외활동이 극히 제한적이지만, 영리를 목적으로 하지 않고, 외부활동이 공익에 도움이 되는 경우 활동에 제한을 두지 않는 것이 일반적이다. 외부활동을 하는 경우 회사 업무 관련성에 따라 근태관리를 잘 해야 하는 것도 필요하다. 나의 개인적 의견으로는 회사를 속이면서 외부활동을 하는 것에 대해서는 추천하지 않는다. 개인이나 회사에 치명적인 손해를 줄 수 있는 요인이 항상 잠재되어 있기 때문이다. 정당한 법 테두리 안에서 활동하는 것이 모두에게 현명한 방법이 될 것이다.

중년의 나이가 되면 퇴사 이후의 삶을 생각하여야 한다. 지금껏 준비가 되지 않는 사람이라면 세상을 보는 힘과 평생 현역을 살아가는 힘을 길러야 할 것이다. 직장에 있으면서 가장 떳떳하게 활동을 할 수 있는 것은 자기가 가지고 있는 경험, 기술 등을 이용해 '책'으로 만드는 것이 가장 지름길이라 생각한다. 적지 않은 인세도 들어오게 될 것이다. 도서출판에 대한 인세는 겸직의 대상이 아니다. 본인만의 전문성을 강화하고, 이것을 기반으로 자신을 브랜드하여 시장에 나갈 준비를 하는 것이다. 우리 모두가 잘 알고 있듯이 퇴사를 하게 되면 더 이상 회사의 직함은 유효하지 않게 된다. 퇴사를 하기 전에 본인만의 책을 써서 '저자'의 타이틀을 가지는 것이다. 회사를 나가기 전에 준비된 N잡러가 되는 것이 곧 현명한 직업인이 되는 것임을 명심하면 좋겠다.

평생학습으로
가는 길

이전 세대는 평생직장에서 평생직업을 가지고 일했다. 한 가지 능력만 있어도 사는 데는 문제가 없었다. 새로운 지식과 기술이 등장하면서 사회 구조와 조직이 바뀐다. 지금의 직업이 사라지고 새로운 직업이 나타나며, 그 등장과 소멸의 간격은 점점 좁아진다.

〈평생학습은 미래의 권리이자 의무〉, 《중앙일보》(2023.11.17)

근래 같은 모임으로 종종 만나고 있는 폴리텍대학의 교수가 최근 입학생 사례에 대해 말하였다. K대학, I대학, G

대학 등 수도권에 괜찮은 대학을 졸업하고도 자격증을 취득하는 과정이 중심이 되는 폴리텍대학에 재입학하는 경우가 많다는 것이다. 학사학위로 취업하는 것보다는 기술을 배울 수 있는 전문학사를 선택한 것이었다. 신입생 대부분이 인문, 경상계열 출신이라 공학기술 분야를 선택하여 평생직업을 가지려는 것이 주요 이유라고 한다.

반면 다른 지인의 아들은 국내 최상위급 학부를 졸업하였는데, 해당 분야 전공으로 취업이 쉽지 않아서 다른 전공으로 바꾸면서 타 대학교의 석박사 과정으로 진학하였다는 것이다. 이제는 실용 위주의 공학기술 분야 전공을 선호하려는 경향이 점점 강해진다는 것을 알 수 있다. 조금 돌아가더라도 본인이 선택한 진로를 후회없이 밀고 나가는 것이 필요해 보인다.

♁ 4차 산업혁명 시대에 있어서 평생교육

4차 산업혁명 시대에 있어서 과학기술의 눈부신 발전은 우리 사회의 형태를 바꾸었다. 앞으로는 인공지능을 장착한 기계의 출현은 인간을 대체할 상황에 이르렀다. 인간이 하는 일은 기계와 로봇으로 대체되어 우리 직업의 대변혁은 불가피할 것이다. 게다가 인공지능이 탑재된 컴퓨터가 우리의 일자리를 빼앗을 수 있을 것이다.

과거 우리는 대학 졸업장만 가지고 있으면 평생 다닐 직장을 얻게 되었고, 일정 기간이 지나게 되면 적당한 직급으로 진급하게 되었으며, 다시는 공부하지 않아도 되는 평온한 사회생활을 하였다. 하지만 지금은 상황이 다르다. 각자 업무에 종사하는 분야의 지식체계가 급속하게 변하고 있고, 지식의 유효수명은 점차 짧아지고 있다. 여기에서 중요하게 보아야 할 것은, 인간의 수명은 지속적으로 늘어나고, 경제활동을 해야 안정적인 노후생활을 영위할 수 있다는 점이다.

결과적으로 새로운 지식과 기술이 등장하면서 사회구조와 조직이 변하게 될 것이다. 지금 내가 배운 지식은 10년만 지나도 오래되고 낡은 지식이 될 수밖에 없다. 따라서 지금은 평생 동안 지속해서 학습해야 하는 상황에 이르렀다. 물론 우리나라의 평생 교육 환경은 선진국에 비해 다소 부족하고, 회사의 규모나 정책에 따라 평생 교육의 수준이 다르겠지만, 무엇보다도 개인이 관심과 열정을 가지면 다양한 경로를 통해 충분한 교육 기회를 가질 수 있기도 하다.

♀ 평생학습으로 가는 길

나는 직장생활을 하면서 학습과 공부에 많은 시간을 보냈다. 그럼에도 불구하고 계속해서 공부하지 않으면 내가 몸담고 있는 업무 분야를 이해하는 데 애로사항이 발생하기도 한다. 과거 15년 전 내가 박사학위를 하면서 공부했던 이론은 오래된 개념이 되었고, 사례연구는 당시 상황과 많이 바뀌었다고 생각한다. 박사학위는 특정 분야에 대해 연구를 할 수 있다는 능력이라고 말할 수 있다. 해당 분야에 대해 지속적으로 관심을 가지고 기술과 사례를 분석하지 않으면 전문가로 설 자리가 만만하지는 않은 것이 현실이기도 하다.

나는 작년 초 본사로 복귀하기 전 2년 동안 지역본부에서 근무한 경험이 있다. 업무환경이 바뀌면서 내가 알아야 할 범위에 대한 규칙과 지식의 양이 많아서 한동안 힘든 적도 있었다.

이제는 지속적인 자기 계발을 하지 않는다면 같은 시대에 살아가는 동년배라도 능력이나 지식적인 측면에서 엄청난 차이를 보일 수 있는 것이다. 따라서 자기 분야에서 제대로 활동하려면 자기 주도의 학습이 필요해 보인다. 이제는 동네에서 가게를 하려 해도 상권분석, 고객 기호도, 매출 포인트 등을 사전에 전략적으로 준비해야 한다. 대학에서 기초적인 학습을 하고, 사회에 진출한 사람이라면 사회에서 필요한 공부를 전략적으로 할 필요가 있을 것이다. 본인이 처한 상황에서 지속해서 학습하는 것을 통해 세상과 소통하는 지혜를 얻는 자세가 필요하다.

어쩌면 현시대를 살아가는 비애일 수도 있다. 하지만 평생학습은 본인의 선택이라고 하기에는 경제활동을 하는 사람들에게 너무나 당연해 보인다.

조직에서 성장하는 과정 중 제너럴리스트로 성장하느냐, 스페셜리스트로 성장하느냐가 자의 반 타의 반으로 결정되기도 한다. 일찍 관리자가 되면 제너럴리스트로 성장하기 쉽다. 실무에 정통하고 현장 중심 위주의 업무를 선호하는 경우는 스페셜리스트로 성장하는 것이다. 즉, 조직 내에서 주위 사람의 유형을 나누어 본다면, 한쪽 분야에는 정통하지만 업무 전반에 대한 감각은 부족한 사람이 있는가 반면, 특정 분야에 대한 전문성은 없지만 다방면에 두루두루 관심이 있거나 여러 분야에 대한 이해도가 높은 사람도 있다. 나의 경우 관리자가 되면서 전문성에 대한 부족함을 메우기 위해 자격증 공부, 자기학습, 독서 등을 통해 그 간

극을 메우고 있다.

인생 후반부를 준비하는 단계에서 지속적이고 전략적인 학습은 필수적이다. 변화에 유연하게 대처하고 능력을 배양하는 것이 우선이고, 전반부와 후반부를 연결하는 브릿지 학습을 통해 자신을 상품화하는 데 필요하기 때문이다. 전반부의 지식과 기술은 내가 속해 있는 조직을 위해 축적된 것이다. 즉, 회사의 성과를 내는 데 초점이 맞춰져 있다는 것이다. 반면, 후반부에 필요한 실력은 세상이 요구하는 것을 해결할 수 있는 능력이 있어야 한다. 따라서 후반부에서 요구되는 능력과 기술을 완전히 나의 것으로 만들어야 하므로 가치적인 측면에서 엄연한 차이가 있다.

대부분의 학교 교육시스템은 직장인으로 살아가는 데 초점이 맞추어져 있다고 해도 과언이 아닐 것이다. 나의 경우도 부모님께서 대학 졸업하고 안정적인 직장에 취업하라는 것이 일상적인 조언이었다. 중년에 선택하는 평생학습은 내 인생을 내가 만들어갈 수 있는 직업인으로서의 가치를 찾을 수 있도록 자기주도적 학습이 필요할 것이다.

기술의 진화는
어디까지인가?

"혁신은 그저 어떤 것을 만들어 내는 것이 아니라,
어떻게 우리가 살아가는 방식을 변화시키는 것이다."
〈스티브 잡스〉

1996년, 지금 다니고 있는 회사에 취업한 당시에는 부서에 고작 한두 대의 데스크톱 컴퓨터밖에 없었다. 하지만 내가 속해 있는 부서는 외부 프로젝트를 담당하고 있어서 그나마 5대가 있었다. 부서의 막내인 나는 대리님을 포함한 고참 선배님들이 문서작업을 할 때면 다른 업무를 먼저 하고, 컴퓨터 자리가 비는 경우 본격적인 문서작업을 하며 현장에서 측정한 데이터를 변환하면서 엑셀로 분석하였다. 당시 컴퓨터 운영체계가 불안정하였기에 수시로 문서를 저장한 기억도 있다. 연구분석 결과 보고서를 작성할 때가 되면 문서를 출력하는 데도 많은 시간이 걸리기도 했다. 특히 그림과 표가 많은 문서는 시간이 오래 걸려 밤새 출력을 시켜놓고 퇴근하는 날도 있었다.

30여년 전 신입직원이었던 나는 현재의 기술을 보고 있노라면 놀라울 뿐이다. 말로 하면 어플리케이션이 동작하여 내가 원하는 것을 실행하고, 문서작업 명령을 내리면 그럴듯한 문서를 내 앞에 내놓고 있다. 이제 기술이 어디까지 진화할지에 대해서는 감히 상상할 수 없게 되었다. 과거부터 지금까지 변해 온 속도보다도 더 빠른 속도로 향후 기술이 변화할 것이라는 것은 너무나 당연해 보인다.

21세기 3대 핵심기술은 NT(나노기술), IT(정보통신기술), BT(생명공학기술)이라고 한다. 이 기술들은 함께 발전하면서 새로운 기술 혁신을 이루어 나갈 것이다. 또한 각기 다른 기술이 결합해서 만들어지는 기술을 융합기술이라 한다. 원천기술과 융합기술은 사회의 요구를 반영해 기술이 진화하기도 하지만, 초혁신기술은 사회문화를 바꾸기도 한

다. 스티브 잡스가 가능하게 했던 아이폰처럼. 이제 기술은
사회, 문화와 함께하는 시대가 되었다. 이러한 기술 혁신과
변화를 우리 중년은 친숙하게 인식하고 다루어야 할 것이
다.

⚇ 최근 일본의 기술 트렌드로 알아본 교훈

과거 1980년대 일본이 세계 경제를 선도하였고, 세계 시
가총액 상위 50대 기업 중 33개가 일본 기업이었다는 사실
은 이제 조금 낯설어 보인다. 하지만 최근 일본은 오랜 경
기침체를 끝내고 재기의 움직임을 보이고 있다는 기사를
종종 접하게 된다. 그리고 〈도쿄 트렌드 인사이트〉에서 제
시한 일본의 최근 기술 동향을 살펴 보는 것도 의미있을 것
이다.

일본은 간병의 디지털화를 서두르고 있다고 한다. 자국
에 기술 적용을 위한 목적도 있지만 고령화가 진행되고 있
는 국가에 수출을 염두에 두고 있다. 간병은 노동적인 측면
에서도 많은 인력이 투입이 되고 있기도 하지만 감정 소비
가 심한 직업이다. 따라서 봉사의 기준을 넘어서는 노인이
나 병자에 대한 서비스는 많은 사람들이 기피할 수밖에 없

을 것이다. 이러한 분야에 로봇시스템이 도입되는 것은 어쩌면 당연한 미래 모습일 수 있다. 로봇은 무한반복적인 일에도 감정소비 없이 꾸준한 성과를 낼 수 있기 때문이다.

오래전 영화에서 사람의 얼굴이나 지문, 홍채를 인식하여 출입하는 것은 이제 흔한 일이 되었다. 최근에는 사람의 얼굴을 인식하여 신분을 증명하거나 결제가 가능한 시스템으로 전환하는 것을 준비 중에 있다고 한다. 실제 국내 편의점에서 얼굴 인식 결제 시스템의 실증을 진행 중이라 한다. 이제 머지 않아, 나의 출입 정보가 인식된다면, 맞춤형 상품 정보와 이동 동선을 추천할 날이 다가올 것이다.

향후 반복적이고 지속적인 육체노동과 두뇌노동은 기계가 대체할 것이다. 그런 세상이 오게 되면 인간이 해야 할 영역은 어디일까? 로봇과 AI를 제어하고 통제하는 영역일 것이다. 그리고 로봇과 AI가 더욱더 정확한 성능을 발휘할 수 있도록 연구개발하는 영역도 포함될 것이다. 결국 의사결정력과 창의력, 그리고 인간 본연의 심리를 잘 이해하여 기계시스템이 최적의 성능을 낼 수 있도록 하는 것이 인간의 영역이 될 것이다.

CES 2024의 키워드는 AI

올해도 CES 2024가 1월 미국 라스베이거스에서 열렸다. 아마 최근 기술이나 트렌드에 관심이 있는 사람이라면 가장 가보고 싶은 박람회일 것이다. 개인적으로 다른 전시회나 행사에 참여해본 적이 있는데, 기회가 된다면 꼭 한번 가보고 싶은 전시회이다. CES 2024가 내보이고 있는 기술에 대해 같이 알아보자.

▶ CES(Consumer Electronics Show : 세계가전전시회)
(출처 : 네이버 지식백과)

미국소비자기술협회(CTA : Consumer Technology)가 주관해 매년 열리는 세계 최대 규모의 가전제품 박람회이다. 1967년 뉴욕에서 처음 개최된 이후 성장을 거듭하며 가전전시회의 최고봉으로 자리잡았다.

올해 CES는 전 세계 약 4300여 개의 기업이 참여했다. 이는 코로나19 이전 2020년 4500여 개에 육박하여 성황리에 개최되었다. 한국은 800개 가까운 기업이 전시에 참가하여 우리 기술과 제품이 CES 무대에 진출하기도 했다. 아마존, 구글, 월마트, 소니, 혼다 등 글로벌 기업이 참가하였으며, 국내는 삼성, LG, SK, 현대·기아자동차, HD현대 등 글로벌 레벨의 기업도 참여하여 참관객의 많은 호응을 얻었다고 한다. 이번 행사의 키워드는 AI 기술이라는 것이 대다수의 의견이다.

삼성전자는 '모두를 위한 AI: 일상 속 똑똑한 초연결 경험(AI for All)'를 위한 비전을 발표하면서, 반려로봇 볼리(Ballie)를 선보이기도 했다. 이 기술은 집을 모니터링하고 고령자의 건강 상태 확인과 가족과의 소통수단이 될 수 있는 디지털 도우미 역할을 할 수 있을 것이라 한다. 반면 LG전자는 AI에 대한 정의를 '공감지능'으로 재해석하여, 고객 취향과 선호를 중시하는 서비스에 주력하는 기술을 지향하기도 했다. 두산그룹은 AI기술을 적용한 소형중장비를 선보이기도 했다. 이제 AI는 로봇기술과 직접적으로 연계되고 있다. 우리 삶은 더욱더 AI와 로봇과 더욱더 친숙하게 될 것이다. 이런 때일수록 우리 인간은 인간 본연의 가치를 찾는 것에도 관심가져야 할 것이다.

직업인의 가치

회사를 위해 회사인간이 되고, 자신을 위해 회사를 무대로 활용하면 회사가 자신의 도구가 되는 것이다. 자신을 회사에 팔러왔다고 생각하면 자신을 노예로 만든다. 하지만 회사가 자신을 위해 있다고 생각하면, 회사는 자신이 주인공으로 출연하는 인생극장의 무대가 된다.

《퇴직과 은퇴 사이》, 이기훈

코로나19가 끝나고 우리 모두는 일상으로 돌아갔다. 우리가 생각지 못한 세상이 오고 있다. 세상은 크게 바뀔 것이다. 글로벌 트렌드도 이제와는 다른 양상으로 전개될 것이다. 또한 우리 삶의 생태계도 바뀌고 있다. 삶의 방식과 가치관도 예전과는 다르게 변화하고 있다. 이러한 상황에 있어서 직장만 잘 다니면 되는 미덕은 이제 사라졌다. 새로운 가치관이 필요하게 되었다. 직업인으로 삶이 어떻게 변하고 있는지 알아보는 것도 의미있을 것이다.

청년기를 지나 노년기로 이행하는 과정에서 우리는 중년을 맞이하게 된다. 일반적으로 40대부터 60대 초반까지를 '중년'이라고 한다. 이 과정에서 대부분의 직장인들은 첫 번째 직장에서 퇴직을 하는 경우가 많다. 사회적으로나 경제적으로 충만하고, 가장으로서의 역할이 확대되는 시점에 맞이하는 퇴직은 새로운 기회가 되어야 하나, 현실은 그리 만만하지 않다. 로봇과 인공지능기술의 확대로 일자리는 점차 축소되고 기존의 직장에서 배운 기술로 시장에 나가는 것은 여러 한계에 봉착할 수도 있다.

평생 현역을 위해 중년의 나이가 중요하다

40대와 50대의 시간을 어떻게 보내느냐에 따라 인생 후반전의 주인공으로 살아갈 수 있게 된다. 《하프타임》에서는 인생의 승부는 전반전이 아니라 후반전에 결정된다고 말하고 있다. 결국 하프타임은 전반전에 배우고 익힌 것을 바탕으로 후반전에 적합한 것을 찾는 시간이 된다. 이 과정에서 자신만의 인생과 맞닿는 직업을 찾는 것이 중요하다. 인생 후반전에는 여러 가지를 시도하는데 시간적으로 그리 넉넉하지 않기 때문에 하프타임이 중요하다. 차라리 하프타임을 길게 가져가면서 다양한 시도와 방안을 점검하는 것이 현명한 접근 방법이다.

은퇴 콘텐츠 유튜버가 직장에서 은퇴하고 난 이후 새롭게 자리 잡은 직장의 연봉에 대해 이야기한 적이 있다. 첫 직장보다 연봉이 최소 30%는 더 줄어들 것이라고 말하였다. 그 다음은 거기에서 다시 30%가 줄어든다고 말하였다. 결국 일자리는 수요와 공급에서 결정된다. 내가 무엇을 할 수 있는지, 다른 사람들에 비해 경쟁력은 무엇인지, 어떤 문제를 해결할 수 있는지에 따라 결정된다. 그것이 곧 나의 가치가 된다. 결국 나의 가치를 중년의 하프타임에서 어떻게 설정하고 강화하는지에 따라 결정된다고 보면 될 것이다.

♀ 사회 변화에 따른 새 직업

우리는 세상의 판이 바뀌고, 삶의 생태계가 바뀌는 것에
대해 알아보았다. 한국고용정보원의 사회 변화에 따른 새
직업을 살펴보면서 중년의 직장인이 관심을 가져보는 것도
좋겠다.

- 인구구조 변화 : 반려동물 장의사, 산림치유 지도사 등
- 과학 기술 발전 : AI전문가, 빅데이터분석가, 블록체인
  개발자, 클라우드 컴퓨팅 전문가 등
- 가치관 및 생활 패턴 변화 : 미디어콘텐츠 크리에이터,
  창업 기획자, 치유 농업사 등
- 환경·에너지 : 신재생에너지전문가, 온실가스컨설턴
  트, 기후변화전문가 등
- 국내외 정책 변화 : 화학물질안전관리사, 연구실안전전
  문가, 자동차튜닝엔지니어 등
- 기업 경영 전략 : ESG경영전문가, 디지털마케터 등

현재 내가 일을 하고 있는 분야와 새로운 유망직업이 유
사하거나 나의 적성과 부합한다면 도전해보는 것도 좋겠

다. 하지만 특정 연결점이 없다면 나의 경험과 기술로 새로운 것을 만들어 보는 것도 고려할만 하다. 즉 세상에 없는 새로운 직업을 만드는 '창직'에 도전하는 것도 좋겠다.

▶ **창직(job creation)** (출처 : 네이버 지식백과)

창조적인 아이디어를 통해 자기 주도적으로 기존에는 없는 직업이나 직종을 새롭게 만들어 내거나 기존의 직업을 재설계하는 창업 활동을 말한다. 아이디어를 가지고 자신의 능력이나 적성 등을 활용하기 때문에 창업과는 다른 개념이다.

나의 친구 중에 공무원 근무 경험이 20년이 넘고, 환경영향평가사를 취득하고 명예퇴직 이후 작가, 컨설턴트, 연구원 등으로 활동하고 있는 친구가 있다. 친구는 본인이 새로운 직업을 창직을 하였다고 말하고 있다. 명예퇴직 이후 몇 년간 어려운 시간을 보냈는데, 이제는 자리를 잡았다고 하면서 열정을 가지고 자유롭게 일을 하고 있다.

직업인으로서의 가치관

직장인으로 평생 살아가는 시대는 끝나가고 있다. 직장생활은 길어야 60세 전후로 막을 내리게 된다. 그 이후는 안정적인 직장생활을 영위하는 것은 특별한 자격이나 경험을 가지고 있는 사람을 제외하고는 현실적으로 어렵게 된다. 따라서 직업인으로 살아가는 방법과 지혜를 터득하는 것이 우리의 삶의 과제가 된다.

자기만의 학교를 만들라. 직장 내에서 우리는 두 가지 전략 중 하나를 펼친다. 프루빙(입증)하거나 임프루빙(개선)하거나. 입증보다는 개선 전략을 취하는 직업인들은 하루키의 표현을 빌린다면 '자기만의 학교'를 갖고 있다. 입증하는 전략을 취하는 직장인은 자신이 남보다 낫다는 것을 증명하고 싶어 하고, 직장 내 관계를 이기고 지는 경쟁관계로 본다. 반면 직업인으로서 직장을 다니는 사람에게는 남과 경쟁을 통해 이기는 것이 중요한 목표가 아니라 자신이 정해 놓은 목표를 성취해 나가는 것이 가장 중요하다. 그 목표는 바로 자신이 일정 분야에서 전문가로 성장해 나가는 것이며, 이들이 직장을 다니는 동안 돈과 교환할 수 있는 자기만의 개인기를 만들 수 있는 이유는 바로 이러한 전략 때문이다.

– 출처 : 〈동아 비즈니스 리뷰(2020.8)〉
직장인 아닌 직업인으로 살아남기―당신의 몸값은?

어느 유튜버는 '지위게임'과 '가치게임'으로 비유하기도 했다. 나의 삶을 다른 사람과의 경쟁을 통해 이겨야하는 지위게임으로 만들어 가는 것이 아니라, 나만의 가치를 만들고, 모두 함께 성장해가는 가치게임으로 만드는 것이 중요하다는 것이다. 이것이 우리가 인생 후반전에 반드시 가져야할 덕목이 된다.

Chapter.3

보이지 않는 것을 보는 힘

스펙 잘 가,
이제 실력이다

스펙이라는 낙인과 싸우지 말라.

학벌세탁을 하려고 하지 말라!

성과를 낼 수 있는 진정한 내공을 키워라.

남에게 보여줄 수 있는 패를 키워라.

그리고 진정한 고수가 돼라!

그래서 삶의 판을 바꿔야 한다.

《퇴직과 은퇴 사이》, 이기훈

최근 IT계열 기업의 신입 공채에 있어서 변화가 뚜렷하다. 정보통신분야에 있어서 코딩기술은 기업의 핵심동력과 같은 기술이 된다. 따라서 스펙이 아닌 코딩 실력으로 선발한다는 기사를 종종 접할 수 있다. 이를 위해서 실제 코딩 공모전을 통해 실력으로만 직원을 채용하기도 한다. 이렇게 과거 나와 같은 세대에게 익숙했던 학력·전공·학점과 같은 '스펙'은 이제는 유효기간이 지난 상품이 되었다. 지금 시장에서 필요한 나의 실력만이 나의 가치가 되어버렸다.

과거 우리 사회에 만연했던 학벌 문화는 사라지기 시작했다. 내가 다니는 직장만 하더라도 이제 이런 말은 사라졌다.

"저 친구 대학 어디 나왔어?"
"○○대학 나온 친구가 그렇지 뭐"

내가 입사했을 때를 돌이켜보면, 대학졸업장은 어느 사람에게는 훈장이 되기도 하고, 누군가에게는 주홍글씨처럼 직장생활 내내 그 사람을 특정하는 꼬리표가 된 적이 있었다. 하지만 이제 그런 말 대신 이런 말을 하곤 한다.

"저 친구 보고서 하나는 잘 써."

"김 과장은 기술분석 프로그램 돌리는 것은 우리 회사에서 최고야."

이러한 변화는 직장 내에서만 그치는 것이 아니다. 이제 실력은 퇴직자가 은퇴 이후에 새로운 직장을 얻거나 창업을 하는 데 있어서 중요한 잣대가 된다. 회사 내에서의 직급도 이제는 그리 중요하지 않다. 높은 직급의 임원은 오히려 재취업에 방해요인이 되기도 한다. 또한 재취업에 있어서 훌륭한 인성도 한몫을 하게 된다. 스펙이 더 이상 그 사람을 말하는 것이 아니라 스펙에 걸맞는 실력이 중요한 시대가 되었다. 스펙에 걸맞는 실력이 충족되지 않는다면 오히려 마이너스 요소가 되기도 한다.

☿ 실력을 키울 때 고려해야 할 것

실력을 키운다고 하면 무엇부터 해야 하는가에 대해 고민일 수 있다. 조금 쉽게 생각해보자. 우리가 살아가면서 잘 모르는 것이 있으면 주위 사람은 뭐라고 말하는가? 농담처럼 이렇게 말하는 것을 들을 것이다.

"네이버한테 물어봐."

그럼, 네이버는 무엇을 우리에게 제공하고 있는가? 다름 아닌 우리가 잘 알지 못하는 것에 대해 답을 주고 있다. 우리에게 해결책을 제시해 주고 있는 것이다. 그것이 네이버가 우리에게 친근한 플랫폼이 되었다는 증거이며, 그 기업이 살아가는 법이다.

"그럼, 개인으로서의 나는 무엇을 해야 하나?"

그 답은 단연코 세상 사람들이 어려워하는 것을 쉽게 알려주는 능력, 문제해결력을 갖추는 것이다. 회사의 비즈니스에 도움이 되는 문제해결 능력을 갖추는 것이 가장 기본이 된다. 그렇기 때문에 가장 먼저 회사, 그리고 이 사회가 필요로 하는 능력을 갖추어야 한다.

중년의 4050세대는 중간관리자 이상의 리더 위치에 있다. 실력이 부족하게 되면 리더십 측면에서 차질이 오게 된다. 리더라면 자기가 맡은 분야에 있어서 실력을 인정받지 못하면 신뢰를 받기 어렵게 된다. 그리고 후배를 가르치고 방향을 제시할 수 있는 능력을 갖추고 있어야 한다. 그만큼

4050세대는 자기분야에 있어서 해박한 지식과 통찰력을 갖추어야 한다. 이 분야는 얼마 남지 않은 직장생활에 있어서 곧 다가올 퇴직 시점을 고려한다면 매우 중요한 영역이 될 수 있으니 실력을 키우는 데 게을리해서는 안 될 것이다.

실력을 키울 때는 현재 내가 하고 있는 일이 시장에서 통하는지에 대해 항상 스스로에게 물어보고 답하기를 제안한다. 내가 회사에서 지금 하고 있는 기술이 바깥 세계에서 통용되고 현금화될 수 있는 능력인지 생각해보아야 한다.

아주 쉬운 예로 파워포인트를 내가 작성할 수 있어야 한다. 내가 직접 작성할 수 없다면 퇴직 이후에는 그 일을 처리하는 데 비용이 발생하게 된다. 그리고, 내가 의도한 발표자료를 제대로 만들 수 없게 된다는 것은 매우 안타까운 일이 된다. 또 다른 예로, 투자분석 분야에 일을 하고 있다면, 내가 각종 지표를 분석프로그램에 입력하고 출력된 값을 해석하고 고객에게 설명할 수 있는 능력을 보유하고 있다면, 이러한 기술을 필요로 하는 회사는 당신을 고용하려할 것이다. 이때, 당신의 시장가치는 높아지게 되는 것은 너무 당연한 일이 된다.

따라서 내가 하고 있는 일이 시장에서 통하는지 점검하고 부족하다면 이 분야에 대해 실력을 배양하고 나만의 강점을 키우는 것이 필요하다. 그렇게 하기 위해서는 공부를 통해 역량을 계발하고, 책을 읽고 글을 써야 하는 것이다. 공부는 먼저 내가 일을 하고 있는 분야에 대한 회사공부가 우선되어야 한다. 그리고 이것을 뒷받침하기 위해 자격증이나 학위를 취득해 전문성을 기르는 것이 필요하다. 또한 해당 분야에 대해 각계각층의 전문가가 저술해 놓은 책을 읽으면서 내재화하고, 마지막으로 자신에게 축적된 것을 매뉴얼이나 책의 형태로 작성하면 나의 실력은 깊어지고 단단해질 것이다.

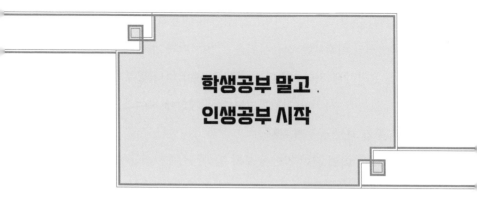

**학생공부 말고
인생공부 시작**

공부에 매진해본 사람만이 제대로 쉴 수 있습니다.

당겨진 활시위만이 이완될 수 있듯이,

공부라는 긴장을 해본 사람만이 휴식이라는 이완을 체험할 수 있습니다.

공부를 못하는 것은 부끄럽지 않지만, 공부를 안 해서 못 쉬는 것은 부끄럽습니다.

《공부란 무엇인가》, 김영민

우리에게는 인생에 있어서 공부와 관련된 여러 관문이

있다. 먼저 대학입시가 있고, 취업이 대표적이라 할 수 있다. 취업 이후에는 진급시험을 보거나 여러 가지 통과 자격을 요구하게 된다. 또 다시 공부를 해야 하니 공부가 그치지 않는다. 하지만 여기까지는 인생 게임에 참여하는 우리 모두가 하는 공부가 된다.

그럼, 어떤 것이 진짜 공부가 될까?

첫 번째, 일과 관련된 회사 공부다.

두 번째, 국가공인 자격증 공부다.

세 번째, 학위 공부다.

이 책에서는 자기계발과 관련된 공부를 언급하고자 하며, 재테크와 취미에 대한 공부는 제외하니 참고하기 바란다.

◎ 회사 일을 완벽하게 하는 사람이 따로 있다

보통 회사에 입사하게 되면 10년 내외의 시간이면 그 분야에 대한 기본적인 소양과 업무 처리 능력을 배울 수 있다. 혼자서도 기본적인 프로젝트를 맡아서 추진할 수 있는 때가 된다. 바로 그때, 회사에서는 과장 정도의 직급으로 직원의 노고에 보답을 해준다.

이 과정에서 어깨너머로 배우면서 선배가 해온 대로 업무를 처리하는 직원이 있는가 반면, 업무 프로세스를 완벽하게 이해하려고 하고, 프로젝트 이면에 숨어 있는 의미와 프로젝트 응용 능력을 기르면서 업무를 대하는 직원이 있다. 이때부터 진급에 차이가 나타나기 시작한다. 차장과 부장 직급으로 진급하는 데 몇 년씩 격차가 발생하기도 한다.

회사에 입사하게 되면 가장 먼저 해야 할 것은 '회사공부'이다. 이것은 말 그대로 회사에서 업무를 처리하는 데 필요한 기본적인 소양과 업무 처리 능력을 배우는 것이다. 보통 10년이면 승부가 결정나게 된다. '저 친구는 임원감이야', '저 친구는 얼마나 버틸 수 있을까?' 소위 10년의 내공이면 직장 생활의 앞날을 예상하는 말을 듣게 된다. 《세이노의 가르침》에 "일과 관련된 공부를 할 때는 피를 토하는 자세로 최소 2~3년 동안 그렇게 살라"라는 명언이 있다. 젊어서 나를 회사 내에 각인시키고 나의 영역을 확실히 만들어 가고자 할 때 가슴에 새겨볼만한 말이다. 실제로 나는 입사 3년 차에 지금의 나를 만들 수 있었던 업무(프로젝트)를 맡은 적이 있다. 당시 나는 직장생활 30여년 동안 가장 몰입한 시기로 기억한다. 그때의 열정과 도전이 현재의 나를 만들었다고 생각한다.

결국 회사에서 인정할만한 실력이 중요하다는 말이다. 회사공부는 회사에서 집중력을 가지고 업무를 처리하려는 자세만 있어도 충분히 도달 가능한 영역이다. 가장 먼저 회사 일을 매끄럽게 처리할 수 있는 능력을 기르는 것이 우선이다.

☿ 국가가 인정하는 자격증은 평생직업의 중요한 기반이 된다

국가에서 특정분야에 대해 인정해주는 증서는 보통 면허와 자격으로 구분한다. 면허는 의사면허, 간호사면허와 같이 일정 시험을 통과하게 되면, 그 업을 할 수 있는 면허증을 국가에서 교부하게 된다. 보통 이러한 면허증은 대학에서 전공한 이후 시험을 응시할 수 있어서 직장인이 면허증을 취득하기란 운전면허증 말고 쉽지 않은 것이 현실이다.

직장을 다니면서 자기계발의 일환으로 자격증을 취득하는 것이 일반적이다. 보통 대학졸업 후에 기사시험에 응시할 수 있다. 공공분야에 취업하려면 자격증은 기본이라 자격증의 쓰임새는 광범위하다. 회사에 입사를 하고 나면 회사에서 추가적으로 원하는 자격증이 있을 수 있다. 이런 경우 자격수당까지 추가적으로 지급하니 적극 추천할 만하다. 그리고 자격증은 어떤 일을 함에 있어서 그 자격이 있다는 것이 기본원칙이고, 면허증과 거의 유사한 효력을 가지는 일부 자격증이 있기도 하다. 이런 경우 경쟁률이 높고, 시험도 매우 어려운 경우가 많다.

보통 자격증의 꽃은 기술사라고 할 수 있다. 공대 출신이면 모두가 취득하기를 원하는 것이 기술사 자격증이다. 자격증을 취득하는 데만 평균적으로 몇 년이 소요된다. 기술사와 기사가 같은 자격시험이라고는 하지만 시험방법은 완전히 상이하다. 따라서 기술사는 일반적으로 모든 회사에서 우대를 해주고 있고, 회사를 떠난 이후에도 유효하게 활용할 수 있다. 때문에 퇴직 이후에도 유용하게 쓰이는 자격증을 선택해서 공부하는 것이 시성비(時性比) 측면에서 유리하다.

"공부는 영혼을 단련하는 과정이다"라는 말이 있다. 많은 공부가 그러하듯이 특히 기술사 공부는 '나를 찾는 과정'이라고 말하고 싶다. 학원이나 온라인 과정의 도움을 통해 기술적인 이론을 학습해야 한다. 물론 독학도 가능하나 시간을 줄이고 효과적인 공부를 하기 위해서는 전문강사와 같은 경험자의 도움을 얻는 것이 여러 면에서 유리하다.

물론 공부를 시작하고 끝내는 것은 당사자의 몫이다. 자기 주도적으로 공부에 대한 전략을 수립하고, 이것을 실행하고, 주관식 시험을 통해 나의 실력을 검증받아야 한다. 이 과정에서 암기노트를 만들기도 하고, 서브노트도 만들기도 한다. 수백 페이지를 쓰고 고쳐 쓰면서 나를 단련해 나가는 시간을 거치게 된다. 그리고 기술적인 깊이를 더해가고 나만의 답안을 작성하는 시간은 나를 성장하게 한다. 이러한 과정을 통과한 기술사는 어떤 일을 하든지 자격증 분야에 대한 전문성 이외에도 꾸준함과 강한 의지력은 인정해주어도 좋을 것 같다.

🔍 학위는 자격증이 아니야, 나만의 필살기를 만들어야

간혹 주위에서 학위를 이력서의 한 줄로 생각하는 사람이 있는데, 신중하게 접근할 필요가 있다. 학위와 자격증은 공부하는 방법과 필요성이 다르다고 말을 하고 싶다. 직장을 다니고 있는 동안에는 학위가 있으면 전문성을 기르는 데 도움이 된다. 세상을 보는 힘을 기르는 데 있어서 기초

체력은 자격증이 도움이 되고, 필살기를 만드는 데는 학위가 더 도움이 된다고 말할 수 있다. 하지만 중년 이후에 학위 공부하는 데 있어서 몇 가지 고려사항이 있다.

첫 번째, 내가 꼭 하고 싶은 연구인가?
두 번째, 현재 나의 업무 분야와 관련이 있는가?
세 번째, 은퇴 이후에도 내가 연구하는 분야가 지속가능한가?

보통 학위를 취득하는 데 최소 2년 이상 시간이 소요된다. 이러한 시간을 투입하여 내가 이 분야의 연구는 꼭 해야 하는지에 대해 냉정하게 판단하면 좋겠다. 단순히 타이틀을 얻기 위해 시도하는 학위보다는 그 이상의 동기부여가 있는지 점검해보기를 바란다.

조금 현실적으로 말하자면, 내가 은퇴나 퇴직을 하게 될 때 그동안 해오던 분야로 진출할 계획과 부합하는지도 점검해볼 필요가 있다. 현재의 나와 미래의 나를 업무적으로 연결해주는 방안으로 학위를 진행하는 것도 의미가 있다. 그리고 현재 내가 몸담고 있는 분야가 미래에도 성장 가능한 분야에 해당하는가에 대해서도 살펴보자.

학위를 취득하는 데 있어서 추가적인 조언을 한다면, 시장에서 바로 통하는 분석기법 또는 소프트웨어를 능숙하게 활용할 수 있는 기회를 가지면 좋겠다. 학위과정에서 얻은 기술(연구기법)을 학위 취득 이후 지속적으로 활용할 수 있는 기회를 가지고 이 분야에 있는 사람들과 네트워킹을 하게 되면 고급의 지식서비스 제공이 가능한 창업이나 취업이 가능할 것이다.

나는 회사에서 하던 업무를 기반으로 해외에서 추진되고 있는 신기술을 검토하였고, 이론적 연구를 다양한 관점에서 사례 분석하였다. 회사 업무와 연구 활동의 연계를 위해 많은 노력을 하였다. 연구를 연구로 그치지 않으면 좋겠다는 생각이다.

결국 공부는 나의 미래를 준비하는 데 직결된다고 할 수 있다. 학교에서 공부하는 암기방식을 버리고, 오롯이 나의 정체성과 미래에 초점을 맞추는 것이 필요하다. 먼저 회사 공부를 철저히 하는 가운데 나의 주특기를 찾고, 그것에 어울리는 학위나 자격증을 취득하면 인간관계가 풍요롭게 되고, 나의 전문성이 배가될 것이다. 중년에 하는 인생공부는 나를 찾고 만드는 데 도움이 된다는 것을 명심하기 바란다.

독서,
기본 중의 기본

    독서를 일처럼 하면서 지식의 영토를 계속 공략해나가다 보면 거짓말처럼, 새로운 분야를 공략할 때 수월하게 넘나드는 나를 만나게 됩니다. 그날이 오면 스스로가 자랑스럽고 사랑스러우실 거예요. 100세 시대에 20대 초에 배운 지식으로 수십 년 우려먹기가 불가능합니다. 학교를 다시 들어갈 게 아니라면, 결국 책을 보면서 새로운 분야에 진입해야 하죠. 취미 독서를 하고 있을 때가 아닙니다. 독서는 기획해서 씨름하는 '일'입니다.

《최재천의 공부》, 최재천

3년 전, 나의 힘든 상황과 불안한 나의 미래를 돌파할 무엇인가를 강하게 찾고 있던 때였다. 그때 나의 곁에 아무도 없었지만 누군가 나에게 강렬하게 말을 한 것 같았다. 혹시 꿈이라도 꾼 것은 아닐까? 바로 이 말이었다.

'책을 한번 읽어봐!'

그때 나는 책을 제대로 읽어보자는 생각이 들었다. 내가 살고 있는 주위에 독서클럽을 알아보았다. 토요일 아침 7시에 2시간 동안 책에 대한 강의와 토론이 진행되는 타이탄 북클럽(구 송도나비)이 있었다. 그리고 나는 본격적인 독서인으로 살아가는 계기가 되었다.

물론 그 전에 책을 읽지 않은 것은 아니었다. 회사에서 교육 마일리지로 제공하는 도서를 읽기도 하였다. 하지만 최재천 교수의 말처럼 기획해서 씨름하듯이 읽은 것은 아니었다. 지금 독서는 나의 가장 중요한 '일'이 되었다. 현재 약 100회의 독서후기를 나의 블로그에 남기게 되었고, 앞으로 쉬지 않고 나의 독서는 계속될 것이다.

독서 후기를 남기기 이전의 독서는 '책은 읽었는데 기억에 별로 남는 것이 없다. 괜찮다! 아니면 그저 그래!' 정도 말하는 것이 대부분인 것 같다. 블로그에 독서후기를 남기게 되면서 나와의 약속을 하는 계기가 되었다. 그리고 나에게 훌륭한 기록이 되고 있다는 것은 또 다른 장점이 된다.

🗣 책이 스마트폰에 밀려나고 있을 때 책을 잡고 읽어라

통계청의 최근 '국민독서실태조사'에 따르면, 2021년 성인 기준으로 종이책 독서율은 52.1%로 책 한 권이라도 읽는 사람이 반이라는 이야기가 된다. 성인 종이책 독서율은 2009년 71.7%에서 2019년 52.1%로 지난 10년 사이에 약 20% 감소하여 하락 폭이 크게 나타나고 있다. 이는 책 이외 다른 콘텐츠로 이동하는 것이 주요 원인이 된다.

스마트폰과 같이 스크린으로 제공되는 정보는 휘발성이 강해 책을 읽는 것에 비해 효과가 떨어지게 되고, 지속적으로 우리의 독서습관을 갉아 먹는 주요 원인이 되고 있다. 결국 스마트폰이 보편화되고 난 이후 책을 읽는 사람이 적어지고 있다고 말할 수 있다. 이런 상황이 책을 읽는 사람에게는 기회가 된다. 책을 읽지 않고 다른 사람이 가공한 정보에 노출되어 뇌가 멈춰 있는 사람들이 많아지기 때문이다.

오래전 개그맨으로 활동했던 고명환은 젊은 시절 교통사고로 생사의 갈림길에서 독서를 통해 부와 성장을 이끌어 낸 장본인이다. 그는 코로나19로 어려운 시절에도 본인만의 열정과 노하우를 통해 사업을 확대할 수 있었으며, 지금은 '고명환도서관'을 건립하기 위한 새로운 도전에 나서고 있다. 그런 그가 《이 책은 돈 버는 법에 관한 이야기》에서 남긴 말이다.

> "세뇌당한 뇌는 직관이 없다. 직관이 없기 때문에 끌려가는 삶을 살게 된다. 문제는 그렇게 끌려다니면 자유가 없다는 것이다."

우리는 미디어 시대에 살아가면서 수많은 자극적인 매체에 노출되고 있다. 이처럼 미디어가 하라는 대로 하고, 편하게 즐기는 시간이 많아지면서 우리는 생각하고 사색할 시간이 줄어들었다. 이러다가는 '멍청한' 삶을 살 수 있다. 책을 읽고, 사색을 통해 나만의 생각을 확고히 해야 할 때가 되었다.

☌ 책, 어떻게 읽을 것인가?

책을 약 50여 권 정도 읽게 되면 다른 사람의 말과 행동이 불편해짐을 느끼게 된다. 이 과정에서 나의 가치관과 의식이 변하고 있다고 보아도 좋다. 그 때부터는 책의 좋은 내용이 지속적으로 반복되고 있다는 것을 발견할 수 있다. 그리고 책의 저자가 말하는 것을 어느 정도 이해하게 되고, 저자와 나름의 방식으로 대화가 가능하게 된다. 독서가 즐거워지고 다른 책을 읽고자 하는 마음이 생기며, 내가 글을 쓰고 싶다는 생각이 들면 독서의 정상궤도에 진입한 것으로 볼 수 있다.

내가 책을 읽으면서 마주한 독서 고수의 조언 몇 가지를 정리해본다. 독서에 욕심을 부리지 말고, 독서에 진정한 마음을 가지면 좋겠다.

첫 번째, 책 속에서 인생에 도움이 될 만한 한 줄만 찾고 적용한다.

두 번째, 자신의 생각(가치관)과 반대되는 내용의 책도 읽어라.

세 번째, 하루에 4시간, 1년간 또는 하루에 2시간, 2년간 책을 읽어라.

네 번째, 거인의 책을 통해 나의 생각방식을 바꿔라.

다섯 번째, 책의 내용을 기록하라.

결국 책을 읽게 되면 나의 내공의 깊이를 만들 수 있고, 사고의 폭을 넓힐 수 있다. 또한 책을 통해 저자의 생각을 만날 수 있다. 이 때 나의 생각과 비교하고 판단할 수 있는 능력을 함께 길러야 한다. 책을 통해 나를 만들어야 하는 이유가 되는 것이다.

인생에서 성공한 사람은 자신의 삶에서 독서를 떼어 놓고 말하지 않는다. 그리고 독자가 생각하고 있는 경쟁자는 책을 읽고 있지 않다는 말을 명심하도록 하자. 그러니 마음 껏 독서를 즐기고 나의 길을 만들어 가자. 《인생은 실전이다》의 말처럼 독서하자.

"독서를 꾸준히 한다는 것은 좋은 기회와 계속해서 접점을 만든다는 것을 의미한다. 독(讀)해야 살아남는 다."

글쓰기,
나를 만드는 과정

당신에게 필요한 것은 독자 머릿속에 이미 그려져 있는 그림을 보고 글쓰기를 시작하는 것이다. 이것이 바로 독자의 호응을 이끌어내는 방법이다. 독자와의 신뢰를 구축하는 방법이기도 하다.

《꽂히는 글쓰기》, 조 비테일

우리가 건강한 몸을 만들기 위해서는 제대로 된 음식을 섭취하고, 정해진 규칙에 따라 정확히 운동하는 꾸준함을 유지하면 된다. 특히 최근 근력운동이 나이를 불문하고 전

세대에 걸쳐 유행이다. 수년간 1주일에 몇 회씩 '근력운동'을 하게 되면 몇 년 후 멋진 몸을 자랑할 수 있을 정도로 근육을 키울 수 있다.

글쓰기에 관해 《유시민의 글쓰기 특강》에는 재미있는 표현이 있다.

"글쓰기 근육을 만들고 싶으면 일단 많이 써야 한다. 그게 기본이다. 언제 어디서든 글을 쓸 수 있다면 무조건 쓰는 게 답이다. 진부한 처방이지만 어쩔 수 없다. 하지만 오래된 것이라고 해서 다 낡은 건 아니다. 시대에 따라 달라지는 것이 많지만 그렇지 않은 것도 있다. 글쓰기 근육을 기르는 방법은 예나 지금이나 같다. 우리 몸이 그대로이기 때문이다."

글쓰기 근육을 이야기하고 있다. 앞서 몸의 근육과 같이 글쓰기에도 근육이 필요하다는 논리인 것이다. 사실 꾸준한 글쓰기를 통해 우리의 사고력, 논리력, 창의력, 표현력을 향상시킬 수 있다. 앞서 언급한 능력은 뇌기능을 성장시켜야 하는데, 가장 효과적인 방법 중의 하나가 글쓰기가 되는 것이다.

    나는 문화센터에서 운영하는 100일 글쓰기 온라인 과정을 등록한 적이 있었다. 글쓰기 과정은 쉽지 않았다. 매일 카페에 글을 써서 업로드하는 것이 과제였다. 온갖 내용을 짜내면서 하루 미션을 달성하려고 노력하였다. 중도에 시간을 아끼려 두 달간 술을 먹지 않는 노력을 하기도 하면서 마침내 한 번도 빠지지 않고 무사히 과정을 완주하였다. 하루도 빠지지 않고 어떤 글이라도 쓴 그 자체가 나에게는 소중한 자산이 되었다.

◎ 글을 왜 써야 하는가?

    중년은 직장 내에서 직급적인 측면에서 어느 정도 자리를 잡았기 때문에 매너리즘에 빠지기도 한다. 하지만 관성적인 모습에서 벗어나 새로운 태도를 만들어가고 직업인으로서의 가치를 형성해나가야 하는 중요한 시점이 된다고 말하고 싶다. 그렇기에 자기경영 측면에서 리더십을 갖추는 것이 매우 중요해진다.

《최고의 리더는 글을 쓴다》에서 왜 리더들이 글을 쓰는지를 잘 정리해주고 있다. 저자인 홍선표 기자는 경제신문사에서 근무하면서 많은 창업가와 리더를 만날 기회가 있었고, 그러한 경험을 통해 리더들의 성공 비결에 대해 다섯 가지를 제시하고 있다. 그 항목은 ① 설득, ② 판단력, ③ 브랜딩, ④ 마케팅, ⑤ 목표이다.

① 설득 : 조직구성원의 지지와 힘을 모으기 위해 쓴다.
② 판단력 : 정확하고 효과적인 판단을 내리기 위해 쓴다.
③ 브랜딩 : 남과 다른 나, 즉 브랜딩을 위해 쓴다.
④ 마케팅 : 상품을 팔기 위한 마케팅의 수단으로 쓴다.
⑤ 목표 : 나와 조직의 목표를 달성하기 위해 쓴다.

이제 중년은 조직 내에서 조직구성원은 물론 나 스스로를 리드해야 한다. 내가 어떤 역할을 하는지, 어떤 생각을 하고 있는지, 나의 비전은 어떤지는 나의 글을 통해 나타날 수 있다. 그렇기에 내가 쓴 글의 힘은 그만큼 위력적인 것이다. 이제 머뭇거리지 말고, 나의 생각을 바로 세우고 글을 써야 한다. 사내 잡지, 신문, 전문지에 돈을 받지 않더라도 나의 글을 기고하여야 한다.

《2라운드 인생을 위한 글쓰기 수업》에서는 글쓰기는 인생에 도움이 된다는 말을 하고 있다. 먼저 자신을 돌아보고 제대로 바라보기 위해 책을 읽고 글을 쓰고 있다는 것이다. 결국 먼저 자신을 바라보고, 다음으로 세상을 바라보는 시각을 갖는 것이 필요하다. 이때 중요한 것이, 하나의 면만 보는 것이 아니라, 뒤에서도 옆에서도 멀리서도 위에서도 보는 것이다. 이렇듯 다양한 관점으로 바라볼 때 나를 올바로 일으켜 세우고 세상을 떳떳하게 바라볼 수 있는 통찰력 그 이상의 것을 얻을 수 있을 것이다.

또한 글쓰기는 앞으로 내 인생을 이끌어갈 도구가 될 것이다. 매일 생각을 다듬어 그것을 글로 남긴다는 마음으로 시작하면 내면의 콘텐츠가 뒷받침될 것이며, 이 과정을 지속하면 습관이 된다고 말하고 있다. 나 역시도 이 말을 적극적으로 지지하고 싶다. 나는 글쓰기를 통해 책을 쓸 기초적인 체력을 마련했으며, 이것은 나의 직업적인 측면에서도 큰 도움이 될 것으로 생각한다.

글을 어떻게 써야 하는가?

논리적 글쓰기를 알기 쉽게 설명해주고 있는《유시민의 글쓰기 특강》에서 글을 어떻게 써야하는지 친절하게 설명해주고 있다.

"먼저 주장은 반드시 논증하라는 것이다. 말이나 글로 타인과 소통하려면 사실과 주장을 구별하는 것이 우선이다. 사실은 사실대로 기술하면 되지만, 어떤 주장을 하는 경우에 있어서는 나의 주장이 옳은지에 대해 논증할 것을 말하고 있다. 또한 글을 쓸 때는 주제에 집중하여 당초 이야기하려고 했던 바를 일관성있게 유지해야 한다는 것이다. 이 때는 반드시 주관적인 감정에 휘둘리지 않는 것이 좋겠다."

발췌 요약부터 글쓰는 훈련을 하도록 하는 것이다. '발췌'는 중요한 부분을 가려 뽑는 것이고, '요약'은 핵심을 정리하는 것이다. 문장을 선별하고, 압축하는 과정에서 글쓰기 능력이 길러질 것이다. 나는 100일 글쓰기 과정에서 칼럼을 요약하고 나의 생각을 추가하는 형식의 글을 많이 썼다. 다른 사람이 쓴 글을 보다 관심을 가지고 읽게 되고, 요점을 정리하고 나의 의견을 쓰는 과정에서 글쓰기 훈련에 많은 도움이 되었다.

글쓰기의 목적이 어떤 것이 되든지간에 글을 읽는 사람에게 불편함과 거부감을 주지 않도록 써야 한다. 그리고 문장을 읽어서 충분히 이해할 수 있도록 글을 쓰는 배려가 필요하며, 글쓰는 이의 지식과 전문성을 내보이려는 욕망을 버릴 것을 말하고 있다. 무엇보다도 글쓰기를 잘하기 위해서는 합리적으로 생각하고 떳떳하게 살아갈 것을 말하고 있다. 글에 글쓴이의 영혼이 깃들어 있다는 말을 명심하는 것도 좋겠다.

글쓰기를 잘하기 위해서는 많이 읽고 많이 쓰는 것이 가장 기본적인 원칙이다. 타고난 재주로만 글을 쓰는 사람은 없으며, 글 쓰는 기술만 공부해서 잘 쓰는 사람도 없다고 한다. 그렇기에 매일 꾸준하게, 진솔하게 글을 쓰고 나를 만들어가는 시간은 보이지 않는 것을 보는 힘을 기르는 데에도 도움이 될 것이다.

사실 직장인에게는 글을 쓸 기회가 많다. 직장 내에서 높은 임원의 인사말이나 기고문 초안도 작성하게 된다. 그리고 각종 보도자료도 쓸 수 있다. 나의 일이 아니라고 하는 경우도 있을 수 있지만, 조금만 생각을 바꾸어 말해 보자. '제가 쓰겠습니다'라고 말하면 상사는 흡족해할 것이다. 그리고 나의 글쓰기 실력을 키울 수 있다. 더군다나 다른 사람의 시각에서 더 큰 세상을 볼 수 있는 시간이 된다. 나도 실무자 시절에는 높은 임원의 인사말도 쓰고, 보도자료를 쓴 적이 있었노라고 후배들에게 말하고 있다. 이런 기회가 온다면 어서 손을 높이 들라고 하고 싶다.

자기계발의 완전정복!
책쓰기

많은 사람들이 '작가'라는 단어를 멋있게 생각한다. 하지만 거기까지다. 나는 저자를 작가 대신 '지식 자본가'라고 일찍부터 불러왔다. 판의 이동기에는 작가가 아닌 지식 자본가가 되어야 한다. 실용적인 경험, 사고의 프레임이 독자들과 고객들에게 흘러가게 해야 한다.

《퍼스널 브랜딩 책쓰기》, 조영석

직장인의 대부분은 불안한 미래를 대비하는 것이 주요

관심사 중의 하나가 된다. 나도 역시 미래를 대비하는 '성장형 직업인'으로 나의 가치관을 바꾸고 난 뒤부터는 내가 가진 지식과 경험을 어떻게 가공하여 세상에 내보이는가에 대해 고민을 하고 있었다. 그때 우연한 기회에 저자 특강으로 진행되는 《퍼스널 브랜딩 책쓰기》에 참여한 적이 있다. 이 책은 직업인으로서 살아가는 나의 정체성 확립에 도움이 되었다.

라온북 조영석 대표는 글쓰기와 책쓰기가 4가지 관점에서 다르다는 말을 하고 있다.

첫 번째, 글쓰기는 책쓰기의 일부이다.

두 번째, 원고지 매수와 A4 용지 매수의 차이가 난다. 책쓰기는 긴 호흡으로 써야 한다.

세 번째, 글쓰기는 레드오션인 반면, 책쓰기는 블루오션이다.

네 번째, 글쓰기는 브랜드 효과까지 있고, 책쓰기는 전문가로 인정받을 수 있다.

그리고 책쓰기는 책을 읽는 '소비자'에 그치지 않고 '생산자'로 전환해야 하는 태도가 필요하다고 하였다. 책의 완성도를 높이고 지속성을 가지려면 생산자(producer)와 소비자(consumer)의 합성어인 '프로슈머(prosumer)'로 활동하는 것이 더 바람직할 것이라 생각한다. 또한 책쓰기 이후에는 저자라는 타이틀과 함께 그 분야에서 활동을 할 수 있는 전문가로 자리매김을 할 수 있다.

♆ 직업인의 브랜딩, 책쓰기부터 시작이다

《하루 하나 브랜딩》의 저자 조연심 대표는 퍼스널 브랜딩계의 최고가 되겠다고 결정한 이후, 1단계로 관련 분야의 책을 쓰기로 했고, 2단계로 관련 인물들의 인터뷰를 통해 브랜딩에 대한 지혜와 통찰을 얻었다고 한다. 그리고 마지막 3단계는 회사 대표가 되면서 자신만의 길을 개척하였다고 한다.

왜 성공하기 위해 책을 쓰는 것일까? 책을 쓴다는 것은 시장에서 통하고 시장에 나를 내보이기 위해 가장 우선적으로 해야 하는 일이기 때문이다.

누구나 '1만 시간의 법칙'을 들어본 적이 있을 것이다. 미국 심리학자 앤더스 에릭슨이 1993년 발표한 논문에서 처음 등장한 개념으로, 어떤 분야의 전문가가 되려면 최소한

1만 시간 정도의 훈련이 필요하다는 법칙이다. 1만 시간은 매일 3시간씩 훈련할 경우 약 10년, 하루 10시간씩 투자할 경우 3년이 걸린다는 것이다.

그렇다면, 직장인에게도 1만 시간의 법칙이 유효한가? 직장인의 지식과 경험은 엄청난 파괴력을 가지고 있다. 정작 본인만 모르고 있다. 여기에서 중요한 점은 본인이 가진 자산을 세상과 소통하는 법을 알지 못한다는 것에 있다고 생각한다. 이 방법 중에 가장 강력한 것이 책이라 생각한다. 흔히 책이라 하면 전문작가, 교수 등 지식인의 산물이라고 생각하고 있는데, 이제 나의 생각은 조금 다르다. 직장인이 자기의 노하우와 경험을 책으로 내놓게 되면 직업인으로 살아가는 데 큰 무기이자 자산을 취득하게 된다고 생각한다.

🔍 책을 어떤 마음으로 써야 하는가?

글쓰기 훈련을 통해 글쓰기 근육이 어느 정도 형성되면 책쓰기에 도전할 만한 기초체력이 만들어지게 된다. 우리 대부분은 뛸 수 있는 능력을 가지고 있다. 나는 글쓰기를 마라톤에 비유하고 싶다. 마라톤에 필요한 기본원리, 주법, 호흡법을 습득하고 경기에 출전하는 것은 이를 모르고 뛰는 것과 차이가 있다.

독서를 할 때, 책 속에서 한 줄만 찾고 실행하라는 말이 있다. 이 말을 작가의 입장으로 환언하면, 내가 말하고자 하는 것이 무엇인가에 대해 정확히 할 필요가 있다는 뜻이다. 조영석 대표는 책을 읽는 독자에게 줄 수 있는 '단 하나의 메시지'를 찾는 것이 책쓰기의 핵심이라고 말하고 있다. 독자에게 너무 많은 것을 전달하려 하지 말고, 일관성 있게 나의 메시지를 전달하는 것이 중요하다는 것이다.

나는 고령화가 현실화되는 4차 산업혁명 시대에 있어서 은퇴 이후를 준비하는 직장인에게 직업인으로서의 가치관을 가지고 나의 미래를 준비하기 위해 무엇을 어떻게 해야 하는지에 대한 메시지를 주고 싶다. 은퇴 이후 만나본 선배들의 모습에서 나의 미래를 보았고, 그래서 나는 누구보다 빨리 직업인으로서의 마인드로 바꾸는 데 노력하였다. 그러한 나의 경험과 노하우를 이 시대를 살아가는 중년세대와 나누고 싶은 마음이고, 나의 메시지가 그들에게 잘 전달되기를 바란다.

♀ 직장인의 책쓰기, 무엇을 담아야 하나?

내가 걸어 온 인생길은 남과 다르다. 또 내가 바라보는 세상은 남과 다른 것이다. 따라서 나는 내가 알고 내가 느낀 것을 표현할 수 있어야 한다. 그리고 남들의 화려한 문장력에 주눅들 필요도 없다. 내가 알고 있는 것을 알기 쉽게 표현하는 것부터 시작하면 된다.

길다면 길고 짧다면 짧은 인생 동안 내가 가진 능력과 경험은 나만의 '콘텐츠'이다. 중년의 나이에 접어든 직장인이 가지고 있는 콘텐츠는 무궁무진하다. 중년 세대들에게 많은 것이 모이고 있다. 그렇게 축적되어 있는 무한한 에너지를 세상에 내놓는 기술은 꾸준함을 통한 습관으로 만들어 내는 것이 중요하다.

내가 쓴 글을 통해 내 생각을 정리하고 성장하는 2라운드의 삶은 아름다울 것이다. 내가 하루에 조금씩 써가는 글을 통해 나에 대한 확신이 커지게 되고, 미래에 대한 자신감이 충만하게 될 것이다. 직업인의 글쓰기는 그래서 중요하다. 이쯤이면 책을 쓰고 싶은 마음이 들지 않는가? 나와 같이 평범한 사람도 시작하지 않았던가? 여러분도 나처럼 하나씩 하나씩 실천하기 바란다.

Chapter.4

나를 성장하게 하는 실행의 힘

지금껏 삶에 대한 성찰

나는 고난 속에서 웃을 수 있고, 고통으로부터 힘을
모을 수 있고, 성찰을 통해 용기를 낼 수 있는 사람들을
사랑한다. 소인배는 움츠러들 일이지만 마음이 굳건하
고 양심이 승인하는 행동을 하는 이들은 죽을 때까지
그 원칙을 밀고 나갈 것이다.

〈레오나르도 다빈치〉

4050세대들은 적지 않은 기간 동안 직장생활을 해왔다.
직장 내에서 나름의 노하우를 터득하여 자리를 잡은 세대

가 대부분일 것이다. 매너리즘에 빠진 사람들도 있을 것이고, 회사 내에서 포지션이 불안정하여 고민이 가득한 사람들도 있을 것이다. 회사에 남거나 떠날 준비를 하는 모든 사람들에게 어쨌든 전반전은 끝나가고 있다. 이제 후반전을 뛰어야 하는데 전반전에 하던 체력과 전략으로 후반전에 뛰어든다면 실패할 가능성이 크다. 인생 후반전은 연장전이 없다고 해도 무방하기 때문에 전반전을 잘 마무리해야 한다.

인생 전반부는 대부분 사람이 그러하듯, 학교를 졸업하고 취업하여 직장생활을 하고 있다. 사회생활을 시작하면서 인간관계의 폭을 넓히기도 하고, 돈을 벌어 부동산에 투자하고 주식도 하게 되면서 경제적인 확장을 하는 때이기도 하다. 가정을 꾸리고, 자식을 키우면서 부모 역할에 충실하기도 하고, 자신의 부모 세대와 이별하면서 가정의 중추적인 역할을 담당하기도 한다. 인생을 통틀어 성장이 주요 키워드가 되는 시기가 된다.

인생 전반전의 초기에는 다들 비슷하게 시작하였는데, 이때쯤이면 사회적으로나 경제적으로나 격차가 발생하기도 한다. 내가 잘살고 있는지에 의구심도 들기도 하는 시기가 된다. 폭주기관차처럼 달리는 것이 이제는 어색한 생각이 든다. 그런 생각을 하는 것이 정상이다. 이제 전반전을 마무리하고 후반전을 대비할 때이다.

◎ 하프타임을 어떻게 보내느냐가 인생 후반전을 결정한다

지난 카타르 월드컵 16강 진출을 위한 마지막 경기는 포르투갈전이었다. 전반전 선제골을 내주면서 위기를 맞았으나, 전반전에 동점골을 기록하면서 동등하게 이어 갔다. 하프타임 이후 후반전에서 손흥민 선수의 어시스트를 받은 황희찬 선수가 역전골을 기록하였고, 결국 골 득실차로 우리나라는 16강에 진출하는 기쁨을 누리기도 했다. 이때 황희찬은 이번 대회 첫 출전 하였으며, 경기 종료 5분을 남기고 결승점을 올린 것이다. 감독의 전술을 충실히 이행한 선수들의 성과이다. 승리에 대한 준비는 하프타임 15분간 라커룸에서 이루어졌다.

이제 우리 인생의 하프타임을 준비할 때이다. 인생에 있어서 하프타임은 물리적으로 시간이 별도로 주어지는 것은 아니다. 우리가 하프타임이라는 인식하에 하프타임을 어떻게 보내고 후반전을 어떻게 대비하느냐가 중요하다. 교수나 연구원과 같은 특정 직업의 경우 안식년이라는 시간이 주어지기는 하지만 엄연히 연구에 대한 재정비의 시기이지 인생 후반전을 대비하는 시기가 아니다. 따라서 인생이라는 경기에 참여하는 모든 사람은 하프타임을 자기 스스로 설정하고 준비해야 한다. 밥 버퍼드가 인생의 승부는 후반전에 결정된다고 말한 《하프타임》에서 그가 말한 몇 마디를 떠올려보자.

"수많은 사람들이 40대에 접어들면서 자신의 힘이 최고조에 이르렀다거나 자신의 일이 절정에 달했다고 느끼기보다는 꼼짝없이 갇혔다고 느낀다. 도전할 만한 구석이 거의 없는 일에 갇히고, 아주 끝장나지는 않더라도 정체된 인간관계에 갇히고, 앞 세대의 선택이 가져온 결과에 갇힌다."

"변화해야 할 필요성을 느낀다는 것은 부자연스러운 현상도 아니며, 지나치게 우려할 일도 아니다. 그러나 이 시기에 사람들 다수가 저지르는 실수는 하던 일을 멈추고 귀를 기울이라는 음성을 무시하는 것이다. 어떤 이는 자신을 더 채찍질하고 하는 일에 더 집중해야 한다고 판단하며 그 음성을 쉽게 눌러버린다. 그런가

하면 건전하지만 무모하게 방향을 전환하는 사람도 있다. 그리고 확신하건대, 다수는 몽유병 상태로 들어가 은퇴할 때까지 하던 일을 놓아서는 안 된다며 자신의 등을 떠밀 것이다. 어떤 부류는 이런 식으로는 후반전이 전반전보다 나아지기는커녕 더 안 좋아질 뿐이다."

대부분의 직장인은 40대에 들어서면 내가 지금 인생을 제대로 잘 살고 있는지에 대한 고민의식에 사로잡히게 되는 경우가 많아지게 된다. 그리고 변화의 필요성을 느끼게 되지만 어떤 것을 어떻게 변화해야 하는지 답을 얻기도 쉽지 않다. 이렇게 등떠밀리는 식으로 인생 후반전까지 가게 되는 것은 너무 안타까운 일이다.

♀ 하프타임에서 반드시 해야 할 것

언젠가는 자발적 퇴사 또는 강제적 퇴사를 하게 된다. 직장인의 대부분은 직장을 떠나게 되면 인생곡선에 있어서 하향곡선을 그리는 것이 대부분이다. 후반전 경기에 선수로 참여하여 지금껏 내가 살아온 길에서 우측으로 연장하여 상향곡선으로 이끌어내기 위해서는 마인드의 재정비가 요구된다. 직장내에서 나의 가치관을 직업인으로 전환하고 하프타임을 길게 끌고 가면서 현재의 나와 미래의 나를 의식적으로나 직업적으로 연결하는 것이 하나의 방법이 될 것이다.

따라서 직장인이 직업인으로서 살아가기 위해 하프타임은 필수적이다. 이때, 반드시 실천해야 할 사항에 대해 정리해보고자 한다. 아래의 항목은 내가 실제로 고민하고 점검해 본 것이다.

첫 번째, 내가 지금껏 성취한 것을 점검해본다.
두 번째, 삶의 의미와 지향점을 찾는다.
세 번째, 내가 진정으로 좋아하는 일이 무엇인지 찾아본다.
네 번째, 내가 잘하는 일이 무엇인지 찾아본다.
다섯 번째, 나의 지속 가능함을 확인한다.
여섯 번째, 평생 학습을 나와 약속한다.
일곱 번째, 후반전에 해야 할 일에 대해 테스트해본다.
여덟 번째, 같이 할 동료를 찾아본다.

인생 후반전은 '성공'이라는 가치보다는 '의미'에 가치를 두어야 한다. 전반전은 성공을 지향점으로 삼는 것이 일반적이다. 성공에 도취해 그 관성으로 후반전에 참여하게 되면 사람들로부터 호응을 받기 어렵게 된다. 따라서, 앞서 언급한 사항을 점검하고 실행해보아야 한다. 그 과정 중에 인생 후반전의 '의미'를 찾을 수 있을 것이다. 결국 인생 후반전은 나의 것을 찾아가는 데에 중점을 두어야 함을 명심하면 좋겠다.

나만의
인생원칙과 사명

오래전에 헬렌 켈러는 눈이 보이지 않는 것보다 나쁜 일이 있느냐는 질문을 받았다. 켈러는 곧바로 훨씬 끔찍한 게 있다고 대답했다.

"세상에서 가장 한심한 사람은 시력은 멀쩡하되 비전이 없는 사람입니다."

《위대한 확언》, 밥 프록터

중년의 나이에 들어서 내 인생을 돌이켜보면, '나는 무엇을 위해 살아가야 하는가?'에 대한 고민이 많아지는 시기이다. 내가 지나온 인생길은 다시 되돌아갈 수 없다. 냉철하게 한 번쯤 돌아보아도 좋겠지만 많은 시간을 둘 여유는 없다. 앞으로 내가 선택해서 가는 길이 진실이자 현실의 길이 되기 때문이다. 자, 이제는 내 인생의 길을 가야하는 데 있어서, 어떤 길을 가야하는지에 대해 고민을 해야 하는 시점이다.

> ▶ **미션과 비전 선언문** ^(출처 : 네이버 지식백과)
>
> 미션과 비전은 조직이 지향하는 바를 정의하고 조직이 염원하는 바람직한 모습과 변화하고자 하는 방향을 제시하는데, 이는 서로 밀접하게 연관되어 있지만 서로 구별된다. **미션**은 조직의 정체성, 존재의 의미, 사명 등을 서술한 것인 반면, **비전**은 미래 목표, 지향점 등 달성하고자 하는 바를 서술한 것으로, 이를 문서화한 것이 미션과 비전 선언문이다. 이를 통해 조직 내 구성원들에게 동기를 부여하고 명백한 방향성을 제시한다.

우리 대부분은 직장생활을 하게 되면서 기업 가치, 이념 등 기업이 가지고 가야 할 여러 가지 방침을 접하게 된다. 이는 기업의 지속적인 활동은 물론이거니와, 기업의 존재

이유가 되는 미션과 비전을 찾는 것이 현대 기업운영 측면에서 매우 중요함을 보여준다.

내가 근무하는 회사의 경우 CEO가 주기적으로 바뀌는 곳이다. 회사의 경영방침은 시대적 상황, 회사의 여건, CEO의 가치관에 따라 바뀌고 있다. 큰 방향이 정해지면, 그 다음은 실행과제가 여러 부문이나 분야로 구분되어 목표를 뒷받침할 수 있도록 하고 있다. 특히 경영진부터 말단 직원에 이르기까지 메시지가 정확하게 전달되는 것은 매우 중요하다. 기업 가치관에 따라 조직이 운영되게 하는 것은 성과 창출이나 지속가능한 측면에서 매우 중요하다고 말할 수 있다.

그런데 이것이 기업이라는 조직에 국한된다면 너무나 아까운 이론이라 말하고 싶다. 나는 이것을 개인으로서의 '나'에게도 적용하기를 권하고 싶다. 이제 내 인생의 미션과 비전을 만들어야 한다.

나만의 북극성이 필요한 이유

먼저 '북극성' 이야기를 하고 싶다. 북극성은 작은곰자리에서 가장 밝고 밤하늘 전체에서는 50번째로 큰 별이다.

이 별은 천구 북극과 매우 가까워서 현 시점에서 북극성으로 불리고 있다. 밤하늘의 모든 별이 움직이지만 북극성은 거의 움직이지 않는다. 북극성은 지구의 자전축 위쪽에 있기 때문이다. 따라서 옛날에는 지구의 북반구를 여행하는 나그네나 뱃사람들이 북극성을 보고 길을 찾았다고 한다. 북극성이 충실한 나침반 역할을 했던 것이다. 따라서, 내 인생의 여행길에서 방향을 잃지 않고 올바른 방향으로 갈 수 있는 나만의 북극성을 가지고 있어야 한다는 것은 너무나 당연한 말이지만, 이것을 가지고 있는 사람은 그다지 많지 않을 것이다. 이제 나의 북극성을 만들자!

> "'의사가 되고 싶다'라는 꿈이 목표라면 '질병으로 고통받는 사람을 돕고 싶다'는 북극성이다. (중략) 북극성은 너무나 까마득해 도달할 수 없지만 늘 머리 위에서 빛을 발하며 내가 가야 할 방향을 알려주는 존재다. 그런 의미에서 북극성은 추구할 목표가 아니라 방향을 일러주는 길잡이다."
>
> 《언리시》, 조용민

《언리시》에서 인생의 북극성에 대해 잘 설명해주고 있

다. 의사가 되기 위해서는 좁은 관문과 많은 비용과 시간을 요구한다. 먼저 의과대학에 입학하고 의과시험 통과이후 여러 단계를 거쳐야 비로소 의사의 면모를 갖출 수 있다. 하지만 질병으로 고통을 받고 있는 사람을 돕는다는 것은 다양한 진로와 비즈니스로 만들어 낼 수 있다. 의료정보를 전문적으로 제공하는 의료전문 기자가 될 수도 있고, 특정 부분의 치료를 전담하는 헬스케어 전문가가 될 수가 있을 것이다. 또 말 그대로 의사가 될 수도 있다. 따라서 우리가 인생이라는 게임을 두고 목표지향적인 삶을 살아가지 말고, 가치중심적인 삶을 살아야 한다는 것과 일맥상통한다. 여러분도 여러분만의 북극성을 만들 수 있을 것이다. 머뭇거리지 말자. 지금 당장 북극성을 만들어 보자.

♀ 내 인생의 영화, 미션 파서블(Mission possible)을 만들자!

상업방송이나 옥외광고에서 우리는 흔히 기업의 미션을 접할 수 있다. 먼저 글로벌 기업의 미션을 한번 살펴보도록 하자.

- 에어비앤비 : Create a world where anyone can

belong anywhere
- **파타고니아** : We're in business to save our home planet
- **아마존** : We strive to offer our customers the lowest possible prices, the best available selection, and the utmost convenience.
- **월마트** : To save people money so they can live better

우리에게 친숙한 국내 대기업을 살펴 보자.

- **삼성전자** : 인재와 기술을 바탕으로 최고의 제품과 서비스를 창출하여 인류사회에 공헌한다.
- **LG전자** : 고객을 위한 가치창조, 인간존중의 경영
- **현대자동차** : 창의적 사고와 끝없는 도전을 통해 새로운 미래를 창조함으로써 인류 사회의 꿈을 실현한다.

우리가 잘 알고 있는 글로벌 기업이나 국내 대기업의 미션을 읽어 보면 각 기업의 고유한 정체성을 느낄 수 있지

않은가. 이것이 기업의 미션이다. 자, 이제 우리 각자의 삶에도 미션이 필요하다고 생각할 것이다. 나의 인생길에 나를 투영할 수 있는 미션이 필요하다.

1996년 톰 크루즈가 주연한 〈미션 임파서블〉은 많은 호응을 얻으며 최근까지도 7편까지 시리즈로 진행되고 있다. 미션 임파서블은 불가능한 임무지만, 영화의 주인공인 톰 크루즈만은 해낸다는 의미가 있다. 내 인생에서 성공 가능한 미션을 만들어보자. 미션은 나의 정체성이자, 인생 가치관을 관통하는 사명이다. 내 인생을 바칠 가치가 있는 목표를 찾아야 한다. 그렇게 하기 위해서는 내 인생을 정의하는 것이 필요하다.

이쯤에서 나의 비전과 미션에 대해 독자들에게 귀띔하고자 한다.

- **비전** : 나는 우리가 살고 있는 지구의 지속 가능한 에너지 시스템을 위해 기여한다.
- **미션** : 나의 지식과 경험, 그리고 열정을 기반으로 새로운 세상을 만드는 Energy System Designer가 된다.

미션(사명)에 언급된 Energy System Designer(에너지시스템 디자이너)는 우리나라에 없는 직업명이다. 하지만 나는 지속가능한 에너지 시스템을 위한 설계자가 될 것이다. 이 것은 회사 내에서 일을 하든지, 보고서를 쓰든지, 회의를 하든지, 생각을 하든지, 글을 쓰든지 간에 나는 나의 직업적 소명으로 에너지 시스템의 지속가능한 발전을 위한 활동을 한다는 것이다.

결국 내 인생을 건 사명을 찾는 것은 내가 가진 능력과 열정의 최대공약수를 찾는 것이라 할 수 있다. 내가 지금껏 살아오면서 보유한 능력과 나의 가슴을 뛰게 하는 일에서 찾을 수 있을 것이다. 이제 나의 사명을 찾아야 한다. 사명을 찾았다면, 그것에 진력을 다해야 한다. 시대가 변하고 나의 성장이 뒷받침된다면 나의 사명도 변해야 하는 것을 받아들이고 진보하여야 한다. 사명을 가꾸어 가는 데 있어서 나의 정체성도 확립될 것이다. 이제부터 살아가는 삶이 진짜 나의 삶이 될 것이다.

사업계획서 말고
인생계획서

미래의 내가 어떤 모습일지 깊이 생각해 보라. 그러
면 풍요로운 은퇴 생활을 위해 계획을 잘 세워 효과적
인 투자를 하게 되며, 열심히 운동하고 올바른 식습관
을 유지할 가능성이 커진다. 일탈 행위나 자기 파괴적
인 행위를 할 가능성이 줄어든다.

《퓨처셀프》, 벤저민 하디

직장인의 대부분은 연말이 되면 올해 사업 결과에 대한
평가와 함께 내년도 사업계획과 예산 수립에 바쁘게 지내는 것이 보통이다. 내가 다니고 있는 공공기관을 예로 들어 설명을 해보고자 한다. 먼저 사업 결과는 수행 실적 위주로 정성적인 평가와 정량적인 평가가 진행된다. 정성적인 평가는 주로 당해년도 주요 실적을 일목요연하게 정리하여 동료와 외부 전문가들의 평가가 이루어진다. 정부의 정책 방향이나 기관의 고유 목표를 위해 부서별 추진 실적이 면밀하게 평가되고 그 결과는 전사적으로 공개된다. 정량적인 평가는 연초에 부여된 실적 달성 여부를 산술적으로 계산해 이루어진다. 각 기관이 달성해야 할 여러 가지 목표는 부서에 배정되어 관리부서에 의해 통제되고 있다. 최종 성과평가는 공공기관의 경영평가의 결과에 따라 확정되고, 관리자의 연봉은 부서 평가에 따라 차등이 되다보니 신경을 쓰지 않을 수 없다. 부서장 입장에서는 업무를 챙길 수밖에 없다.

당해년도 평가가 이루어지고 난 이후에 상반기에는 정부에 중장기 계획을 제출해야 한다. 담당자들은 나의 업무 몇 년 후를 예상하여 방향을 설정하고, 추진과제를 만들어 보고서를 작성한다. 단위 사업을 묶으면 제법 그럴 듯하다. 가만히 들여다보면, 과제별로 실현 가능성이 매우 높은 중장기 계획도 있다.

반면, 달성 가능성이 부족하거나 반복적인 사업 내용이 들어있기도 하다. 관리자는 미래 방향, 부서 여건 등을 감안하여 보고서를 수정하여 마무리하게 된다. 이처럼 직장생활을 하게 되면 반드시 써야 하는 연차보고서를 포함하여 수많은 보고서를 검토하고 작성한다.

☿ 인생계획서를 작성하여 주도적인 나의 인생을 만들자!

이쯤 되면 눈치 빠른 독자들은 내가 말하고 싶은 바를 이미 알아차렸을 것이다. 중년의 나이에 나의 인생계획서를 생각해보고, 작성해야 할 시점이다. 아마도 대부분의 독자들은 연초에 결심을 한 적이 있을 것이다.

'담배를 끊어야지'
'살을 빼야지'
'책을 읽어야지'
'영어공부 해야지'
'자격증을 따야지'

새해에 새롭게 자신과 또는 가족, 지인에게 자신의 결심을 말하곤 한다. 결심이 아니라 구체적인 인생계획서를 작성하여야 한다. 회사에서 상사에게 지적을 받으면서 작성했던 것과 같은 계획서가 필요하다. 회사를 위해서는 사업계획서를 작성하고 있는데, 내 인생의 주인공인 '나'의 인생계획서를 작성하여 주도적인 삶을 살아가는 행동력이 필요한 것이다.

중년의 나이에 있어서 인생계획을 작성하는 것은 매우 중요하다. 인생 후반전을 준비해야 할 시점이고, 어쩌면 직장의 변화나 직업의 변화를 경험했거나, 곧 도래할 수 있는 시점이다.

☾ 인생계획서 작성법

나의 경우 회사에서 배운 업무 경험이나, 학위과정에서 배운 이론을 인생계획서를 작성하는 데 최대한 활용했다. 인생계획서를 작성하기 위한 몇 가지 팁을 말하면 다음과 같다.

첫 번째, 인생의 비전(북극성)을 설정한다. 내 인생의 좌표를 설정하는 것은 무엇보다 중요하다. 내 인생의 비전을 설정하기 위해서는 나의 경험상 독서를 하는 것이 큰 도움이 되었다.

두 번째, 나의 장단점을 분석한다. 회사 업무를 하면서 대부분의 직장인은 SWOT분석을 해 본적이 있을 것이다. 조직 진단에 많이 활용되는 경영기법이다. 현재 상황에서 강점, 약점, 기회, 위협 등에 대한 요소를 도출하여 조직의 나아갈 방향을 도출하는 것이다. 나의 인생 계획에도 이러한 기법은 유용하다.

세 번째, 중장기 인생계획을 작성한다. 나의 경우 5년에서 10년 정도의 인생 목표와 계획을 만들고 있다. 오랜 시간이 걸리는 공부나 재정 투자와 같은 것은 단기적인 관점보다는 장기적으로 접근하는 것이 좋다.

네 번째, 중장기 인생계획을 바탕으로 당해년도 실현 가능한 계획서를 작성한다. 나의 비전과 중장기 인생계획을 달성하기 위해 올해 반드시 이루고자 하는 실행과제를 도출하고, 구체적인 실행 방법을 작성한다. 실행과제를 작성하는데 있어서 나는 시간비용 관점을 적용하였다. 단위 시간을 투입하여 내가 만들어 낼 수 있는 가치를 산출하는 것은 중요하다.

다섯 번째, 나의 인생계획서는 반드시 기록한다. 나의 목표를 작성하여 항상 휴대하거나 책상 위에 써놓아라. 그러면 그 문구는 나의 잠재의식에 기억되어 지속적인 활동을 자극할 것이다. 실행 과제는 다이어리나 전자 노트에 구체적으로 작성하여 주기적으로 점검하도록 한다.

여섯 번째, 인생계획서를 지속적으로 수정한다. 인생계획서를 작성하고 나면, 나의 삶의 방향과 행동방식의 변화를 가져온다. 최초 작성 인생계획을 계속 다듬고, 현행화하는 것이 중요하다. 완벽한 인생계획은 없다.

일곱 번째, 나의 과거, 현재, 미래를 연결하는 인생계획을 작성한다. 내가 살아오면서 축적한 경험과 지식 중에서 강점을 도출하고 미래에 통할 만한 기술이나 능력에 대해 현재 내가 적용 가능한 업무나 공부에 반영하는 것이 중요하다. 내가 하고 있는 분야에서 나의 미래를 찾는 것이 불확실한 리스크를 최소화하는 것이다.

요약해서 말하자면, 먼저 나의 인생 비전을 만들고, 회사에서 작성하는 사업계획서를 내 인생에도 적용하면 된다. 나에게 축적된 역량을 활용하고 미래를 대비하는 태도는 4차 산업혁명을 살아가는 중년에게 무엇보다 중요하다는 말로 마무리하고자 한다.

4050!
인생 스토리 만들기

당신을 노예로 만드는 각본에서 탈출하라.

삶, 자유, 그리고 기업가 정신을 펜으로 삼아 조작된
각본을 새롭게 쓰라.

《언스크립티드》, 엠제이 드마코

중년의 나이에 인생을 돌아보면 적지 않은 후회가 밀려
올 것이다. 학창시절부터 취업, 그리고 직장에 들어온 이후
에도 아쉬움이 가득한 순간이 보일 것이다. 떨쳐버리려 해
도 쉽지 않는 것이 과거의 기억이다. 인간은 본래 과거에

지배당하는 기억의 동물이기 때문이다. 하지만 이제 과거와 미래를 연결하는 작업을 해야 할 때이다. 과거의 나쁜 기억을 지우고 좋은 기억을 되살리고, 이것의 연장선상에서 미래의 모습을 만들어 보는 것이 중요하다.

우리는 흔히 과거의 나쁜 기억에서 헤어나오지 못하고 있다. 나 또한 불과 몇 년 전만 하더라도 그런 습성을 벗어나지 못했던 기억이 있다. 다시 말하자면, 과거의 나쁜 기억은 오랜 시간 동안 우리 자신을 괴롭힌다. 과거가 현재에 나쁜 영향을 주게 되어 거머리처럼 쉽게 떨쳐지지 않게 된다. 과거의 좋지 않은 기억은 치유해야 한다. 따라서 내 인생의 스토리에서 내가 성장할 수 있는 기회로 만들어야 한다. 내가 더 이상 과거에 머무르지 않고 자유로운 현재를 살아갈 수 있어야 하는 것이 필요한 시점이다.

과거에 암울했고 나쁜 기억을 이용해 나의 스토리의 시작으로 만들어 보자. 우리가 보는 영화나 드라마에서 주인공의 삶을 살펴보자. 주인공들은 항상 어려움에 처한 상황에 놓이게 된다. 스토리는 언제나 고통과 어려움을 극복해 나가는 과정이 이야기의 대부분을 차지한다. 그 단순한 법칙을 나의 인생에 대입해 보는 것이다. 눈을 감고 생각해보라. 내가 생각하기조차 싫은 기억은 성공적인 나의 인생의 시작점이 되는 것이다. 즉 최악의 상황에서 인생의 반전을 만들어내자.

♋ 과거의 나쁜 기억은 성공 스토리의 시작점이 된다

《퓨처 셀프》에서는 "과거에 대한 부정적인 스토리는 미래를 위협한다"라고 말하고 있다. 이 의미는 과거가 현재의 의미를 만드는 게 아니라 현재가 과거의 의미를 만든다고 말하는 게 더 정확하다고 한다. 우리의 기억은 객관적으로 축적된 독립체가 아니라, 현재 우리 내면에서 살아 움직이고, 현재 기분과 미래 목표가 기억에 큰 영향을 미친다는 것이다.

내가 살아오면서 성공과 실패, 환희와 좌절, 수많은 희비가 교차되는 가운데 오늘의 내가 있는 것이다. 나의 결정과 행동의 결과가 현재의 내가 되는 것이다. 불가항력적인 결과라도 떳떳하게 그 결과를 받아들이고 이겨내어야 한다. 어찌어찌해서 안 되는 것이 아니라, 그럼에도 불구하고 해내는 나를 만들어 가야하는 것이다.

이제는 좋은 기억을 떠올려 볼 시간이다. 다시 한번 눈을 감고 생각해보자. 오늘의 이 자리에 이르기까지 내가 한

올바른 결정, 그리고 나의 성공적인 행동이 떠오를 것이다. 이것은 바로 우리의 성공 스토리의 순간이 되는 것이다. 과거 성공이라는 모습을 오늘날 내가 하고 있는 사업, 프로젝트 등에서 어떻게 만들어야 하는지 생각해보라. 더 나아가 상상해보라. 그것을 목표를 세우고 그것을 향해 가는 자신의 모습을 그리는 것이 중요하다.

나는 인생의 경로에서 참을 수 없는 고통의 순간을 새로운 시작을 의미하는 반전의 시점으로 설정하였고, 그 이후 나는 더 강인해지고 성장하는 나를 만들어가는 데 몰입한 적이 있다. 지금 나는 잘 극복해내고 있다고 나에게 말하고 있고, 앞으로도 그렇게 말할 수 있는 스토리를 만들었다. 나의 스토리를 어떻게 만들어내는지는 나의 몫이 되는 것이다.

결국 우리는 상처받는 상황에서 터닝포인트를 만들어내는 스토리텔링 능력이 필요하다. 고달프고 절박한 상황에서 이를 성공스토리의 결말을 위한 전개 부분으로 가져다 놓을 수 있는 긍정적인 마인드가 요구되는 것이다. 어려운 상황을 극복하고 행복한 결말을 이끌어내는 것은 스토리의 힘에서 온다.

♀ 나의 인생 스토리를 다시 쓰자

예를 들면, 나는 이런 스토리를 만들었다.

'나는 우리 회사에서 필요한 엔지니어가 될 것이다. 그래서 과거에 도전하다 중도에 포기한 전기기술사를 다시 공부하여 50세 이전에 자격을 취득할 것이다. 과거에 여러 차례 떨어진 것은 나의 훌륭한 경험이자 과정이다. 기술사가 되고 나면, 그동안 내가 터득한 노하우를 주위 사람들에게 나누어주고, 전문지식을 활용하여 회사업무에 기여하고 더 나아가 나의 미래를 준비하는 데 활용할 것이다.'

스토리를 만든 이후에도 시험에서 여러 번 미끄러졌지만 그럴수록 나는 미래의 나의 모습을 그리며, 나를 만들어가는 데 집중하였다. 나의 행복한 스토리가 있었고, 미래를 꿈꾸었기에 기나긴 시간을 공부하여도 지치지 않고 완주할 수 있었다.

나만이 선택한 스토리가 생겼다면 이제는 셀프스토리를 스스로 끊임없이 되뇌이면서 나의 스토리가 오래전부터 나와 같이 있었던 것처럼 친근하게 완전한 나의 것이 될 수 있도록 해야 한다. 그리고 이 단계에서 스토리가 이미지처럼 자세하게 떠올려진다면 더욱 더 좋을 것이다.

여기에서 나만의 스토리를 지속적으로 긍정적인 방향으로 끌고 가는 것이 중요하다. 킨드라 홀의 《히든 스토리》에서는 "스토리의 결말이 마음에 들지 않는다면 끝내지 마라"라고 말하고 있다. 우리가 스토리를 만들어갈 때 스토리의 결말이 내가 원하는 수준이 아니거나, 바라는 방향으로 가고 있지 않을 때는 멈추지 말고 수정하거나 새로 만들어야 한다. 이렇게 해야 나쁜 스토리를 없애고 새로운 길로 갈 수 있다.

사회적으로 성공한 사람들의 대부분은 훌륭한 '서사(narrative)'를 가지고 있다. 어려움을 드라마틱하게 이겨내거나 상황을 반전시키는 스토리를 포함하고 있다. 흔하고 진부한 이야기이지만, 슈퍼맨은 어려움에 빠진 사람들을 절대절명의 위기에서 구해내곤 한다. 나는 슈퍼맨이라 믿어야 한다. 나는 우리 가족에 행복을 가져올 수 있고, 주위 사람들에게 선한 영향력도 나눌 수 있을 것이라 믿어야 한다.

인생 후반부에 있어서 나 스스로에게 또는 다른 사람에

게 나는 어떤 인생을 살았다고 말할 수 있을까? 내가 만든 스토리가 나의 인생이라 말할 것이 분명하다. 나는 내 스토리의 힘을 믿고 그렇게 살아가는 사람이 되어야 한다.

자기 묘비명 만들기

아우구스티누스는 "나는 어떤 사람으로 기억되고 싶은가?"하고 자신의 유산을 자문할 때 비로소 성인의 삶이 시작된다고 했다. 내가 묘비명을 적으면서 했던 일이 바로 그것이었다. 어쨌거나 묘비명은 임의로 선택하여 단지 희망사항을 적어놓은 엉성한 좌우명이어서는 안 된다. 정직한 묘비명이라면 한 사람의 인격과 영혼의 정수를 말해줄 수 있어야 한다.

《하프타임》, 밥 버포드

《하프타임》의 저자는 '100×'라는 묘비명을 정하였다. 그 의미는 말 그대로 100배라는 뜻으로, 좋은 땅에 떨어져 100배의 결실을 거둔 씨앗으로 기억되고 싶다는 의미다. 그의 삶의 가치관을 잘 나타내고 있다. 왜 묘비명을 만들어야 하는지에 대해 생각해 볼 대목이다. 사실 묘비명은 나의 비전, 미션, 삶의 원칙, 가치관이 담겨 있다고 해도 무방할 것이다. 우리의 인생이 죽음으로 마무리되는 단계에서 나의 이름과 함께 남겨지는 것이다. 그 묘비명에 담긴 뜻이 장례식장에 참석한 사람들의 평가와 동일하다고 하면 그의 인생은 아름답게 마무리한 것이 될 것이다.

♀ 묘비명에서 만나게 되는 많은 인생

책에서 '죽음'과 관련 있는 묘비명을 말하려고 하니 조금 불편할 수 있으나, 인생 중년의 나이에 이 책을 읽고 있는 독자들은 한번 짚고 가는 것도 좋을 것 같다. 내가 나의 묘비명을 만든다는 것은 나의 소명을 결정짓는 일이다. 다시 말하자면, 내가 이 세상을 떠나는 순간까지 어떤 것에 의미를 두어야 할지, 어떤 것을 해야 할지를 나에게 공식화하는 것이다. 그렇기 때문에 섣부른 인생을 살 수가 없다. 그것이 묘비명이 되는 것이다.

멋진 묘비명을 만나 보도록 하자.

"나는 사는 동안 내가 할 수 있는 모든 것을 다 했
다."

– 조르주 퐁피두의 묘비명 –

조르주 퐁피두의 삶은 도대체 어떠했기에 그런 묘비명
을 만들 수 있었을까? 조르주 퐁피두는 샤를르 드 골의 개
인 참모로 정치계 입문한 이래, 국민의 신임을 얻고 드 골
에 이어 1969년 프랑스 대통령에 취임하여 1974년 4월 갑
작스러운 질병으로 세상을 떠날 때까지 프랑스를 안정적인
태평성대로 이끌었다. 진정한 실용주의 대통령으로 잘 알
려진 퐁피두는 큰 업적을 많이 남겨 그의 죽음은 국민들에
게 안타까운 일이었다. 그가 세상을 떠난 지 3년 후 20세기
현대 미술 전시관인 조르주 퐁피두 센터가 개관하기도 하
였다.

그는 아버지의 뒤를 이어 교사의 길을 걷다가 제2차 세
계대전에 중위로 참가하였고, 이후 드 골의 수석보좌관에
이어 국무총리를 지냈으며, 마침내 대통령에 이르는 63년

간 그의 인생은 쉼이 없었으며, 그가 마주한 수많은 일을 해결하기 위해 모든 것을 다했으리라 미루어 짐작할 수 있을 것이다. 그렇기에 프랑스 국민 대다수가 그를 기리는 이유이다.

이쯤이면 묘비명이 가진 의미를 이해하였으리라 본다. 그럼, 유명인들의 묘비명을 더 알아보자. (출처 : 블로그 작은 마당, 블로그 여백)

- 어니스트 헤밍웨이(노인과 바다 저자) : 일어나지 못해서 미안하오.
- 정약전(조선후기 학자) : 차마 내 아우에게 바다를 두 번이나 건너며 나를 보러 오게 할 수는 없지 않은가, 내가 마땅히 우이도에 나가서 기다려야지.
- 중광(스님) : 괜히 왔다 간다.
- 프리드리히 니체(철학자) : 이제 나는 명령한다. 차라투스트라를 버리고 그대들 자신을 발견할 것을.
- 천상병(시인) : 나 하늘로 돌아가리라. 아름다운 이 세상 소풍 끝내는 날 가서 아름다웠다고 말하리라.
- 미켈란젤로(조각가) : 아무것도 보지 않고 아무것도 듣

지 않는 것만이 진실로 내가 원하는 것이라오. 그러니 제발 깨우지 말아다오. 목소리를 낮춰다오.

- 에밀리 디킨슨(시인) : 돌아오라는 부름을 받다.
- 토요토미 히데요시(일본의 정치가) : 이슬처럼 왔다가 이슬처럼 사라지는 게 인생인가보다! 살아온 한 세상이 봄날의 꿈만 같구나!
- 이순신(조선의 명장) : 살고자 하면 죽을 것이고 죽고자 하면 살 것이다.
- 박수근(화가) : 천당이 가까운 줄 알았는데, 멀어 멀어
- 토마스 에디슨(발명가) : 상상력, 큰 희망, 굳은 의지는 우리를 성공으로 이끌 것이다.
- 버나드 쇼(극작가) : 내 우물쭈물하다가 이렇게 될 줄 알았다

중년의 나이에 접어들면 장례식장에 여러 번 다녀온 경험이 있을 것이다. 장례식장 문을 나서게 되면서 많은 생각이 교차할 것이다.

'죽으면 아무런 소용이 없는데 뭐 한다고 아등바등 사는 것인지…'

'참 예쁘게 살다가 가셨구나…'

이런 생각을 하면서도 현업에 복귀하게 되면 장례식장에서 있었던 생각은 사라지게 된다.

죽기 전에 가장 많이 하게 되는 후회 5가지

다시 한 번 죽음에 대해 생각해보자. 호스피스 간호사가 쓴 책인 《죽기 전에 가장 많이 하는 후회 5가지》에서 죽음을 앞둔 사람들이 가장 많이 하는 후회를 살펴 부자.

첫 번째, 왜 행복하려고 하지 않았을까?
두 번째, 친구들과 연락하고 살 걸…
세 번째, 내 감정에 솔직하지 못했다.
네 번째, 그렇게까지 열심히 일할 필요가 없었다.
다섯 번째, 내 인생이 아닌 타인의 기대에만 충실했다.

자, 이제 죽음을 생각하면서 우리가 해야 할 것은 명확해졌다. 먼저, 자기 인생의 사명을 만들고, 그 의미를 명확하게 하는 묘비명을 만들어보는 것이다. 그리고, 남의 인생이 아닌 나의 인생을 살아가는 것에 몰입해야 한다. 중년은 그렇게 해야 하는 나이이다. 죽음을 생각하면서 다시 나를 만들어가자.

나의 묘비명은 다음과 같다.

"나는 나의 모든 것을 이 땅에서 쓰고 돌아간다."

실패를 통해
성장하는 직업인

창의성의 본질적 특성은 실패를 두려워하지 않는 데
있다. 길이 이어지는 곳에 가지 말고, 길이 없는 곳을
가며 자취를 남겨라.

《위대한 확언》, 밥 프록터

우리가 알고 있는 넷플릭스, 아마존, 애플은 실리콘밸리
의 대표기업이다. 실리콘밸리의 기업의 대부분은 창업 한
번에 성공한 기업은 거의 없다고 한다. 실리콘밸리에 많은
기업은 실패의 기억을 가지고 있다. 실리콘밸리에서 스타

트업이 실패할 확률은 80%가 넘는다고 하니 그럴만도 하다. 성공적인 기업으로 전환하는 데까지는 평균 4회의 실패를 한다고 하니 실리콘밸리에서는 실패가 흔한 일이다. 그들은 실패를 통해 교훈을 얻고 두 번 다시 실패하지 않겠다는 기업가 정신이 중요한 곳이다. 따라서 그들은 실패를 두려워하지 않고 새로운 것을 시도하는 문화가 자연스럽고, 실패한 사람의 노하우와 능력을 높게 평가하고 있다. 실패해도 다시 일어설 수 있는 사회적 분위기가 있으며, 세계 최고의 혁신 기술이 집중되고 있다.

실패를 해야만 한 단계 위로 성장할 수 있는 것이다. 실패를 통해 조직은 단단해지고 외부 환경에 유연하게 대처할 수 있는 DNA가 형성될 수 있다. 실패는 성장을 위한 교훈을 우리에게 던져주고 있고, 다시 도전을 통해 목표를 달성할 수 있는 선순환 구조를 만들어가야 한다. 결국 실패를 관리할 수 있는 기술이 진짜 기술이 되는 것이다.

🔍 실패를 대하는 자세

우리 주위에 실패와 성공을 접했을 때 그들의 모습을 한 번 보도록 하자. 실패하는 사람 중에는 남 탓을 하고, 세상

탓을 하는 것을 종종 보게 된다. 반면 성공하는 사람은 본인이 많은 고통과 어려움 속에서도 다른 사람의 덕분이라고 말한다. 그리고 운이 좋았다고 한다. 그만큼 성공과 실패는 누구에게나 올 수 있다. 결과적으로 실패와 성공을 받아들이는 태도 또한 우리에게 중요한 의미가 있다.

주위 사람을 보게 되면, 어려움에도 불구하고 도전하는 동료를 볼 수 있다. 인력이 부족해도 예산이 부족해도, 자원이 부족한 상황에서도 일을 하는 모습을 보면 결과를 떠나 응원을 하고 싶다. 실패를 두려워하지 않는 삶의 태도는 우리를 기쁘게 하기 때문이다.

반면, 명분이 분명함에도 불구하고 갖은 핑계와 변명을 하면서 업무를 회피하는 동료도 있다. 설령 그들이 좋은 결과를 도출했다고 하더라도 그들에 대한 평가는 냉정한 것이 일반적이다.

실패를 두려워 하지 않는 사람은 안전지대(comfort zone)에서의 편안한 삶을 거부하는 사람이다. 대부분의 사람은 현실에 안주하고 안전지대를 유지하려는 경향이 큰 것이 일반적이다. 안전지대를 벗어나 학습지대에 머물면서 새로운 도전과 실행을 통해 우리는 성장지대로 바꿀 수 있다. 일반적으로 안전지대는 도전 자체가 없기 때문에 그 속에서는 성공의 기회가 없다. 따라서 실패가 없는 것이다. 반면 학습지대는 안전지대 밖으로 벗어나 새로운 것에 도전하고 배우고 익숙해져 나의 안전지대를 지속적으로 넓혀 나가는 곳이 된다. 결국 학습지대는 실패를 통해 성장하고 결국 성공의 스토리를 만들어 갈 수 있는 곳이 된다.

유명한 사람의 일생을 살펴 보면, 인생 전반부를 차지하는 것은 주인공이 고난과 실패를 극복하는 이야기가 대부분이다. 우리가 잘 알고 있는 에디슨을 한번 보라. 그는 전구를 만드는 데 있어서 수많은 실패에도 이렇게 말했다.

"저는 한 번도 실패한 적이 없습니다. 필라멘트에 적합하지 않은 물질을 수차례 발견했을 뿐입니다."

실패 이후에 실패를 바라보는 사람의 관점과 의지에 따라 결과는 달라질 수 있다. 따라서 실패는 우리 인생에 있어서 불가피한 요소이다. 실패를 다르게 보는 시각은 성장과 성공으로 나아가는 내적인 마인드셋이 된다. 실패를 통해서 반드시 하나라도 배우겠다는 의지와 실패를 내 인생의 성공 스토리로 말할 수 있는 자신감을 가진다면 더욱더 동기가 강화될 것이다.

♔ 실패를 통해 성장하는 직업인

30여 년 가까운 나의 직장생활을 돌이켜보면 수많은 실수와 실패가 있었다. 가만히 생각해 보노라면 창피한 마음과 자신에 대한 불만이 가득한 적도 있었다. 나는 나를 바로 보기 시작했고, 불쌍한 나를 보듬어 주기도 하고, 때로는 나 스스로 용서해주기도 했다. '내 안의 나'를 성장할 수 있도록 도와주었다. 실패해도 괜찮다고 나에게 용기를 북돋아 주기도 했다. 실패는 나이와 직급과 상관없이 누구에게나 찾아올 수 있다. 실패를 마주할 때마다 적절한 자기긍정은 심신이 지친 중년에게 필요한 것이라 본다.

우리가 잘 알고 있는 빌 게이츠는 '실패'에 대한 명언을 하였다. 실패를 통해 우리가 성장할 수 있는 교훈을 반드시 얻는 자세가 필요하다는 말이다.

"성공을 자축하는 것도 중요하지만 실패를 통해 배운 교훈에 주의를 기울이는 것이 더 중요하다. (It's fine to celebrate success but it is more important to heed the lessons of failure.)"

우리가 잘 알고 있는 분야라고 하더라도 자신의 의지와 상관없이 실패하는 것이 우리 사회에 흔한 일이다. 우리를 둘러싼 외부환경은 그리 만만치 않기 때문이다. 그렇기에 우리는 실패를 할 수밖에 없는 상황을 받아들여야 한다. 실패 이후의 자세가 중요하다. 실패하고 나서 이것을 극복하고자 하는 사람은 자신의 미래에 대해 희망을 보게 될 것이고, 긍정적인 변화를 이끌어 낼 것이다. 변화 속에서 우리가 간절히 원하고 노력한다면 또 다른 기회를 얻게 될 것이다. 그렇기에 실패 속에서도 도전하는 자만이 기회를 가지게 된다는 것을 명심해야 한다.

중년의 나이에 있어서 도전 의지가 약해지기도 한다. 하지만 10년 후, 20년 후 내가 도전하지 않은 삶에 대해 후회하지 않는 삶이 되어야 한다. 100세 시대에 있어서 중년의 나이는 도전을 멈추기에는 아직까지 젊지 않은가. 위대함은 도전할 때 이루어지는 것이다. 실패보다 더 나쁜 것은 도전하지 않는 것에 대한 후회가 된다는 것을 명심하자. 실행하는 중년은 은퇴 이후를 대비하는 행동력이 된다.

멘탈관리와
자기통제력

"당신 주변의 우수한 친구들이 지금의 성과를 보이는 것은 그에게 지난 날의 필사적인 노력이 있었기 때문이다."

《선을 넘지 않는 사람이 성공한다》, 장샤오헝

직장생활에서 가장 신경이 곤두서곤 할 때가 있다. 그것은 다름 아닌 진급과 전보가 이루어지는 인사 시즌이다. 중년의 나이에 들어서면 입사가 같은 동기라고 하더라도 진급이 몇 년씩 차이가 나기도 한다. 자기보다 못하다고 생각한 동기는 벌써 몇 년 전에 진급했고, 나보다 입사가 늦은 후배도 진급을 하겠다고 공공연히 말하는 것을 볼 수도 있다.

> '나는 지금껏 무엇을 했을까? 저 친구들은 어떻게 나보다 앞서게 되었을까? 어쩌다가 나는 후배들과 경쟁하는 처지가 되었을까?'

매년 반복되는 현상이고, 심지어는 자괴감도 들기도 한다. 어떤 방법을 찾아야 하는데 딱히 묘수도 보이지 않는다. 단도직입적으로 말하자면, 남과 나의 비교는 이때쯤 되면 극에 달하기도 한다. 비교를 잘 설명해주는 속담을 한번 예로 들어보자.

> "사촌이 땅을 사면 배가 아프다"

위의 속담은 시기와 질투에서 비롯되었다. 이 속담의 본질은 나와 남을 비교하는 것에 있다. 더 엄밀하게 말하자면, 우리는 경제적인 상황, 지위적인 입장 등에 따라 위와 같은 상황을 흔히 접할 수 있다. 특히 직장인의 경우, 진급

에 뒤처지게 되면, 내가 뒤진 것이 없는 것 같다는 생각이
쉽사리 머릿속을 떠나지 않는 것이 보통이다. 내가 뒤처지
는 것에 대한 불안감과 불쾌감이 나를 사로잡게 된다. 즉
비교 심리에 따른 나쁜 결과를 초래한 것이다.

♎ 남과 비교는 No, 어제의 나와 오늘의 나를 비교는 Yes

이제 어제의 나와 비교하는 것에 대해 이야기해보자. 우
리의 유전자는 평판을 잃는 것에 큰 두려움을 느끼도록 진
화하였다고 한다. 이 말은 남과 비교하고 상처받는 그런 마
음 상태에 많이 노출된다는 말이다. 왜 이렇게까지 남과 비
교하는 것일까? 이것은 내가 남과 다르다는 것을 마음 깊
숙이 인정하지 않는 것에서 비롯된다. 나는 저 사람과 다르
고, 저 사람은 나와 다르다는 아주 단순한 사실을 받아들이
지 못하기 때문이다. 모든 사람은 그 사람의 가치관에 따라
다른 시각을 가지고 다른 인생을 살아가고 있다. 무엇보다
남과 비교하는 것을 극복하는 게 가장 중요하다.

배우 유해진은 수많은 영화의 조연을 맡으면서 영화를
돋보이게 하는 역할을 하였다. 그는 영화 내에서는 주로 구

수한 입담과 재치를 선보임과 동시에 깐죽거리는 캐릭터로 많이 출연했다. 최근 그가 주연 역할을 하면서 흥행에도 성공하기도 하였지만. 그는 배우 초년시절부터 조연 역할에 주력하였다. 본인이 가지고 있는 캐릭터를 영화를 통해 관객들에게 어필하였고, 그것이 그의 성공의 비결이 된 것이다. 이렇듯 자신만이 가지고 있는 능력을 잘 파악하고 자신의 능력을 극대화하는 것이 중요하다. 결국 남과 비교하지 않고 나의 진정성을 세상에 보이는 것이 지름길이다. 주연 역할보다는 조연 역할을 충실하게 할 때 조연으로 성공할 수 있고, 기회가 된다면 주연으로 변화할 수 있다는 말을 명심하면 좋을 것 같다.

♀ 어제보다 나아진 나, 성장과 성공의 키워드

우리는 매일 수많은 결정을 하게 된다. 지금 나의 모습은 과거에 내가 결정하고 행동한 결과이다. 그리고 현재뿐만이 아니라 미래에도 나의 모습은 지속될 것이다. 여기에서 중요한 것은, 어제보다 조금이라도 나아진다면 그것은 성장과 성공을 의미한다는 점이다. 어제보다 어느 부분이 좋아졌는지는 나의 기준과 판단이 중요하다. 남을 의식하지 말고 살아가야 한다는 말이다. 남들이 걸어가는 속도가 중요한 것이 아니라, 내가 걸어가는 속도가 중요하다. 결국 내가 어떤 결정을 하고, 어떤 행동을 해야하는지는 나의 몫이다. 이 공식을 이해하게 되면, 나의 자존감도 지키면서 성장하는 나를 마주할 수 있다.

결국 우리는 과거의 나와 지금의 나를 비교하여야 한다. 다른 사람이 아닌 자기 자신과 비교한다면 열등감이나 우월감에 빠지지 않고 자신의 성장에 집중하여 행동할 수 있다. 우리는 흔히 나와 주위 사람과 비교하면서 마음의 상처를 받거나 지나친 경우 자괴감까지 들 수 있다. 이제 이러한 마음가짐은 버리고, 어제의 나보다 조금이라도 성장하는 것을 바라보면서 그것에 만족하는 것이 중요하다.

자기만의 성장공식에 덧붙여 말하고자 하는 법칙이 있다. 일명 '유태인의 법칙'이다. 사람이 하는 모든 일의 최고 점수는 78점이라는 것이다. 다른 말로 '78점의 법칙' 또는 '78대 22의 정리'라고 불린다. 누군가가 어떤 일이나 과제를 최대한 잘 해냈다고 하면, 실제로 78%밖에 도달하지 못했다는 말이다. 특정 퍼포먼스 이후 항상 22%가 남게 되는 것이다. 내가 이번에 78점만 획득하자는 마음으로 접근하면 누구나 스트레스를 받지 않고 도전하며 성장하는 궤도에 올라탈 수 있다. 나머지 22%는 내가 아니더라도 다른 사람이 할 수 있는 것이다. 이것이 우리 사회가 발전하는 원리이자 동기가 된다.

🔮 멘탈 극복을 위한 자기 통제력

자기 통제력이란 우리가 살아가고 있는 수많은 상황에서 자신이 의도하지 않은 상황에 닥치더라도 의연하게 마주하고 극복할 수 있는 능력이다. 사실 최근에 사람들이 자기 통제력을 잃어버려 극단적인 결정을 하여 목숨을 스스로 내려놓는 기사를 많이 접하게 된다. 그만큼 인생의 절체절명의 순간에 가장 필요한 것이 자기 통제력이다. 팀 그러버의 《위닝》에서는 통제력에 대해 간단한 공식을 말해주고 있다.

생각을 통제하면, 감정을 통제할 수 있다.
감정을 통제하면, 행동을 통제할 수 있다.
행동을 통제하면, 결과를 통제할 수 있다.

직장생활을 해나가는데 있어서 나쁜 상황에 놓일 수 있

다. 그때마다 흔들리게 되어 분노나 억울함을 드러내게 되면 조직내에서 성숙하지 못하다는 인상을 주거나 불편한 인간관계를 만들 수 있다. 그리고 나의 손해가 되기도 한다. 따라서 나의 정신적인 동요를 최소화하고, 묵직한 관성을 만들어야 한다. 결국 나를 만드는 데에는 '자기 통제력'을 강화하는 것이 중요하다. 나의 생각, 감정, 행동 그리고 결과를 통제하는 멘탈 관리는 직장에서 직업인이 갖추어야 할 필수덕목이 된다.

건강은
건강할 때 지켜라!

물론 성공의 정의는 사람마다 다르겠지만, 나의 기준으로 볼 때 건강을 잃으면 그것은 무조건 실패다. "성공했지만 건강을 바쳤어…"와 같은 모순어법은 존재하지 않는다. 그것은 그냥 실패한 거다. 세상의 그 어떤 성공이라 할지라도, 건강을 잃는다는 것은 대가치고는 너무도 가혹하다. 겪어본 사람만 안다.

《환자혁명》, 조한경

주위에 건강 전도사로 활동하시는 분은 새로운 것을 접

하게 될 때, 제일 먼저 생각하는 것이 있다고 한다. 그것은 다름 아닌 '건강테크'이다. 소위 재테크, 시테크와 같은 용어는 자주 접하면서 살아가고 있는데 건강테크는 처음이었다. 그분의 말씀을 정리하면 이렇다.

> "우리 몸도 죽기 전까지 잘 관리하여야 해요. 돈을 벌고, 시간 아끼는 것도 중요하지만 우리 몸이 제대로 있어야 모든 것을 담아낼 수 있는 겁니다."

그렇다. 우리 몸이 건강하지 않다면 많은 돈과 권력, 지위는 소용없는 것이 되고 말 것이다. 몸은 우리를 지탱하고 있는 가장 기본이다. 특히 중년에 들어서면 청년의 기운은 슬슬 사라져가고 몸이 예전과 같지 않다는 것을 느끼게 된다. 건강관리를 시작해도 늦지 않은 나이지만 건강관리를 시작하지 않으면 노년에 힘든 시간을 보낼 것은 당연해 보인다. 몸은 우리가 관심을 주는 만큼 우리에게 돌려주기 때문이다.

사실 나도 10여년 전에 건강상태가 악화되어 병원에 바친 돈이 제법 많다. 그 이후에 건강을 회복하는 데 많은 시간과 노력이 뒤따랐다. 40대 중반에 나는 의사로부터 심한

잔소리를 들었고, 그 이후 건강에 관심을 가지고 지내고 있다.

건강은 건강할 때 지켜야 한다

미국에서 기능의학 전도사로 활동하고 있는 조한경 의사는《환자혁명》에서 건강과 관련해 유용한 인사이트를 주고 있다.

> "진정한 보험은 국민건강보험공단에서 제공하는 의료보험이 아니라 제대로 된 식습관과 충분한 수면, 운동, 스트레스 관리를 잘하는 건강한 생활 습관이다. 적당한 운동과 스트레스 관리를 먼저 점검하는 것이 훨씬 더 확실한 보험이다."

나는 40대 중반에 회사에서 조직관리와 대외기관 협력을 담당하는 팀장의 직책을 맡고 있었다. 건강에 대해서 어느 하나라도 제대로 지키고 있는 것이 없었다. 나는 질병을 얻게 되었고, 인생의 교훈을 얻은 시점이기도 하다. 그래서 바로 당장 시작한 것이 금연, 금주, 체중 조절이었다. 금연 과정에서 수십 년간 내 몸에 축적되어 있던 니코틴을 배출할 때 느꼈던 신체반응은 불쾌하기도 했지만 통쾌하기도 했다. 니코틴 배출 단계에서 피부 트러블 현상도 있었지만, 땀에서 노폐물 냄새가 줄어드는 순기능도 있었다. 그리고 금주와 식이요법을 하는 6개월간 12kg을 감량하기도 하였다.

나는 최근 몇 년 전부터는 태극권 수련을 하고 있다. 30대 후반부터 시작한 골프를 그만 두고 태극권을 선택한 이유는 여러 가지가 있다.

- 먼저, 주말시간을 아껴 나의 시간을 활용한다.
- 나이 들어서 한쪽 운동(골프)보다는 온몸 운동을 하는 것이 좋다.
- 근력운동, 심폐운동 등 종합적으로 신체기능에 도움이 된다.

나는 지금도 컨디션을 회복하거나 집중력이 필요한 시기에는 일정 기간 동안 금주를 하여 체력을 보충하고 있다. 그리고 주말에 태극권을 수련하면서 건강을 유지하고 있다.

♀ 결국 건강은 자기절제의 또 다른 단면이다

조선시대 왕의 평균 수명은 44세 정도이다. 그런데 우리가 잘 알고 있는 영조는 조선시대 27명의 왕 중에서 가장 장수하여 83세까지 살았다고 한다. 오늘날 나이로 환산한다면 100세 이상을 살면서 나라를 통치한 셈이다. 물론 누구나 그렇게 살 수 있는 것이 아니다. 그의 노하우를 한국학중앙연구원 주영하 교수가 쓴 《영조의 식생활, 장수의 비결》에서 찾아보자.

첫 번째, 스스로 건강을 챙기다.

일찍 자고 일찍 일어나며, 모자란 듯 음식을 먹으면서 새롭지는 않으나 지혜로운 지식을 실천하였다. 자기의 몸 상태를 정확히 파악하고, 건강의 지혜를 실천하였다.

두 번째, 정신적 건강을 갖추다.

영조의 장수는 부지런함에서 찾아볼 수 있다. 대표적인 활동으로 영조는 강연(講筵)을 즐겨 하였고, 돌아가신 해까지 어제(御製)를 직접 집필한 것 또한 83세의 장수로 이끌어 준 요인이었다.

세 번째, 절식을 강조하다.

영조의 절식(節食)은 주목해야 한다. 다른 왕들이 하루 5번 먹던 수라를 3번으로, 12첩이었던 반찬 수를 절반으로 줄여 소식했다고 전해진다. 그리고 때로 단식을 실천했다고 한다.

영조의 삶을 살펴보면, 자기 몸 상태를 정확히 파악하고, 지속적인 정신적 활동을 하였고, 절제의 삶을 음식과 생활 전반에 적용하였다는 것이다. 결국 노년에 건강한 삶을 살기 위해서는 젊은 시절부터 자기만의 건강관리를 해야 한다. 이러한 건강테크는 노년이 되어서라도 젊은 세대들과 소통하는 원동력이 될 것이다. 이를 위해 꾸준하게 지식을 쌓고 공부하며 운동하여야 하는 것이다. 대한민국 몸짱 열풍을 이끌어 낸 건강전도사인 아놀드 홍의 말은 우리를 운동하게 한다.

"가지고 있는 재산은 병원에 누워 있으면 유산이 되고, 밖에 있으면 자산이 된다."

내 인생은 나의 것

사랑하는 부모님

부모님은 나에게 너무도 많은 것을 원하셨어요

때로는 감당하기 어려웠지만 따라야 했었지요

가지 말라는 곳엔 가지 않았고 하지 말라는 일은 삼

가했기에

언제나 나는 얌전하다고 칭찬받는 아이였지요

〈내 인생은 나의 것, 김현준 & 민해경 노래〉

1983년에 '내 인생은 나의 것'이라는 노래가 나왔을 때,

당시 사회 분위기는 부모님의 말씀을 무조건 따라야 하는 시대였기 때문에 많은 학생들의 억압된 응어리를 조금이나마 해소해주었던 것으로 기억한다. 하지만 학부모들의 반대로 잠시 방송 금지곡이 되기도 한 웃픈 사연이 담긴 노래이다. 이 노래의 메시지는 '내 인생은 나의 것이니 부모는 간섭하지 말라'는 것이다. 중년은 이제 '내 인생은 나의 것'이라는 것을 다시 생각해야 할 때이다.

4050세대의 대부분은 부모님이 아직 살아계시고 자식도 하나둘 키우는 연령대이다. 그리고 직장 내에서 차장, 부장급으로 회사 중추 역할을 하는 세대로, 우리나라의 근간이 되는 세대이기도 하다. 사회적으로나 경제적으로 넉넉하지만 미래를 생각하면 불안감이 머리를 들고 나에게 다가오는 시기이기도 하다. 이런 상황에서 이제 '내 인생은 나의 것'임을 생각해야 한다니, 이건 무슨 얘기인가. 그냥 생활하다 보면 곧 자의 반 타의 반 은퇴가 코앞에 닥치게 된다. 그 전에 준비하여야 한다. 이번에 말하고자 하는 것은 '셀프리더십'이다.

▶ **셀프 리더십** (출처 : 네이버 지식백과)

자율적 리더십 또는 자기 리더십이라고도 하며, 개인이 스스로를 이끄는 리더십을 의미한다. 즉 리더의 입장에서는 팔로워들이 스스로를 통제하고 규제하며 행동에 필요한 의사결정을 하고 리드하는 능력을 촉진하도록 지원하는 과정이 수퍼리더십이라면, 팔로워의 입장에서는 타인이 리더가 아니라 자기 자신 스스로가 자신의 리더가 되어 스스로 통제하고 행동하는 것을 셀프리더십이라고 말한다.

◐ 중년은 셀프리더십이 그 어느 때보다 필요한 시점이다

셀프리더십이란 개인이 자신의 행동, 생각, 감정을 통제할 수 있는 능력이다. 다른 사람에게 나의 주도권을 넘기지 않고 내 인생에 대해 책임감을 가지고 지속적으로 자신을 개선하고 성장하는 삶을 살아가는 것이라 말할 수 있다. 곧 '내 인생의 CEO가 되는 것'으로 말할 수 있다.

중년은 인생의 변곡점에 있어서 셀프리더십을 구축하는 것이 무엇보다 중요해지는 시기가 된다. 부모 세대는 경제활동을 상실하고 건강 상태도 점점 나빠지고 있다. 막내로 태어난 4050세대의 경우 부모님이 돌아가신 독자도 있을 것이다. 부모 세대가 이 세상을 떠나게 되면 불안감과 책임감이 엄습해온다. 오롯이 내가 가장으로서 인생의 무게를 짊어져야 하기 때문이다. 또한 회사에서는 중간관리자 이상의 위치에 있어 심리적 부담감이 상당하다. 은퇴가 머지않아 심리적으로나 경제적으로 대비가 필요하며, 삶을 바라보는 유연한 태도가 그 어느 때보다 중요해진다. 중년의 나이에 인생의 리더십을 구축하는 것은 너무나 당연해 보인다.

⚲ 자기 스스로 통제하고 행동하는 리더가 되자

나는 리더십을 조직 내에서 조직관리 능력이라 생각하였다. 하지만 셀프리더십에 대해 관심을 가지게 된 것은 지금은 고인이 되신 구본형 소장의 도서를 접하면서부터였다. 조직관리 리더십은 조직 내 나의 위치에서 해야 할 역할과 덕목을 정의해주고 있는 반면, 셀프리더십은 스스로 알을 깨고 나를 만드는 과정이 필요해 그의 지혜는 나에게 많은 도움이 되었다. 그의 인사이트 몇 가지를 공유하고자 한다.

첫 번째, 나에게 맞는 인생길을 가도록 한다.

우리는 타고난 자질, 성향 그리고 미래 모습도 다른 것이 당연하다. 현재 나의 모습에서 나를 다듬어내고 빛을 내도록 해야 한다. 나만의 그릇을 만들어가는 것이 가장 훌륭한 인생을 사는 방법이다.

두 번째, 전문성을 갖추고 끊임없이 지식을 축적하라.

내가 속한 조직에서 필요한 역량과 전문성을 갖출 수 있도록 기본에 충실해야 한다. 특히 현대사회는 기술의 속도가 매우 빠르므로, 끊임없이 학습하고 전문가들과 소통하며 토론하는 자세가 필요하다.

세 번째, 어떻게 살고 무엇을 위해 열정을 바칠 것인지 나에게 물어보라.

내가 무엇을 원하는지, 무엇을 좋아하는지 가장 먼저 나에게 물어보는 것이 필요하다. 다른 사람이 원하는 삶은 내 마음에 없어야 한다. 내 가슴이 시키는 일을 선택하고 결정하라. 그것이 나를 섬기는 리더십이 된다.

네 번째, 다른 사람을 성장하게 하는 삶을 살아가라.

직원 스스로 자긍심을 가지고 일을 할 수 있도록 동기부여하는 리더의 덕목을 갖추어야 한다. 직원 스스로 자신만의 미션을 만들고 완수할 수 있도록 기다려주고 북돋아 주는 것도 필요하다. 그들이 생각한 대로 결과를 이끌어내도록 도와주고 직원들의 힘이 조직을 만들어간다는 점을 확인해 주어야 한다. 다른 사람을 성장하게 하는 것은 곧 나의 성장이라는 것을 명심하여야 한다.

다섯 번째, 변화를 주도하는 삶을 살아가라.

삶을 변화시키기 위해서는 세상을 보는 이중적인 시각을 가져야 한다. 결국 리더는 사리를 분별할 수 있는 인사이트가 있어야 한다. 버릴 것과 새로 만들어야 할 것을 통찰력과 직관력으로 판단하고 결정해야 한다. 새로운 기술과 상품이 넘쳐나는 현재 시대에 있어서 리더의 끊임없는 노력은 너무나도 당연해 보인다.

여섯 번째, 도덕적으로 떳떳한 삶을 살아가라.

우리가 알고 있는 인(仁)은 '어질다'라는 뜻이 있다. 맹자가 말하는 인은 자기를 이겨내고, 어떤 일을 행함에 있어서 잘못된 결과가 나오더라도 그 원인을 다른 사람에게서 찾지 말고 스스로 반성하여 찾도록 하고, 자기 스스로 문제를 해결할 수 있는 능력을 갖추는 것이라 말하고 있다. 이렇듯 몸과 마음을 바르게 하여 자기책임과 자기통제하에 행동하는 용기를 갖추는 것이 필요하다.

마지막은
역시 인간관계!

수천 년 동안 변하지 않는 인간관계의 진리가 있다. 어떤 사람을 만나야 할지는 고민할 일이 아니다. 어떤 사람이 되어야 할지가 인생의 모든 해결책의 밑바탕이다.

《우리는 모두 죽는다는 것을 기억하라》, 웨인 다이어

모든 직장인들이 갖게 되는 고민 중의 하나가 인간관계를 잘하는 것이라 생각한다. 나 역시 대학을 졸업하고 30여 년에 가까운 시간 동안 회사에 다니면서 수많은 인간관계를 하였지만, 어쩌면 회사 업무 그 자체보다도 어렵고 힘든 것이 인간관계라고 생각한다. 인간관계는 마치 살아 있는 동물과도 같다고 느껴진다. 인간관계는 좋다가도 나빠지기도 한다. 인간관계를 꾸준하고 건강하게 유지하는 것은 마음처럼 쉬운 일은 아니다.

유럽에서 경제적 자유와 성공적 인생을 강연하고 저술 활동을 하고 있는 보도 섀퍼는 그의 책《보도 섀퍼의 돈》에서 인생과 관련하여 이러한 말을 하였다.

"나는 우리 인생에 대략 다섯 영역이 있다고 생각한다. 건강, 돈, 인간관계, 감정, 그리고 인생의 의미, 이렇게 다섯 가지이다."

그는 다섯 영역을 손가락으로 비유하면서 서로서로 조화를 이루면서 살아갈 것을 말하고 있는데, 결국 모두 잘 관리를 해야한다는 것이다. 그만큼 성공적인 인생을 위해서는 인간관계가 중요하고, 특히 직장에 다니고 있다면 더욱더 관심을 가져야 할 것이다.

♔ 인간관계를 재정리할 때가 되었다

우리는 신문기사나 방송에서 은퇴 이후의 삶에 대한 주제를 간혹 접하기도 한다. 퇴직 후에 직장인이 가장 당혹스러워하는 것이 인간관계의 재정리이다. 그동안 잘 알고 지냈던 사람들과의 관계가 급속도로 단절되고, 마음 편하게 전화할 옛 동료가 없어진다는 것이다. 어쩌다 후배의 연락이 오면 무척이나 기쁘다는 내용의 스토리를 흔하게 접할 수 있다. 퇴직 이후에 마음의 상처를 받지 않고 본인의 삶을 살아가기 위해서는 직장을 다니면서 본인만의 인간관계 원칙을 정하는 것은 매우 중요하다.

4050세대의 나이에 접어들면 업무적으로나 관계적으로 인생의 정점에 있다고 느낄 수노 있시만, 한편으로 한게에 봉착하고 어디로 가야하는지에 고민이 되는 시기이기도 하다. 나의 경험을 돌이켜보면 40대 중반에 나의 성과와 인간관계는 최고조였다고 생각한다. 하지만 그때는 그것을 제대로 느끼지 못했던 것 같다. 40대는 성장하는 후배들과의 관계에 있어서 나의 태도에 대한 결정, 그리고 상사 또는 선배들과의 역할 관계에 있어서 나의 위치 설정에 대해 많은 고민과 노력이 필요한 시기이다. 인간관계에 있어서도 하프타임을 가질 시간이 된다.

인간관계에 있어서 바이블과 같은 책이라 할 수 있는

《데일 카네기 인간관계론》의 서문에 흥미로운 문구가 있다.

> "심지어 공학과 같은 기술 분야에서도 기술적 지식은 금전적인 성공에 15퍼센트 정도밖에 기여하지 않는다고 한다. 나머지 85퍼센트는 인간관계에 관련된 능력, 다시 말해 그 사람의 성격이나 다른 사람을 이끄는 능력이었다."

우리가 직장을 다니게 되면 업무와 직접적으로 관련된 부분만을 챙길 수 있는데, 직업적인 지식이나 경험 이외에 우리가 인간관계를 잘 해나가는 것이 무엇보다 중요하다는 것을 다시 한 번 강조하고 싶다. 중년의 나이에 접어든 지금, 미래의 나와 현재의 나를 연결하면서 인간관계를 다시 한 번 재정비해야 하는 것이다.

☲ 현명한 인간관계를 위한 조언

심리학 연구 결과에 따르면, 1.2~2.1 미터의 거리를 두는 것이 안전감을 준다고 한다. 일명 '안전거리'라고 한다.

이것은 물리적인 안전거리에만 해당하는 것이 아니라, 정서적으로도 일정 거리를 두는 것이 인간관계에 도움이 된다고 한다. 우리는 친하다는 이유로 일정 선을 넘게 되면 인간관계를 망칠 수 있는 것이다. 인간관계가 가까울수록 적정 거리를 두고, 인간관계가 멀수록 친밀감을 두려는 자세는 감성지수가 중요시하게 대두되는 현대사회에 필요한 덕목이다. 현명한 인간관계는 자기만의 원칙을 세우고 시대정신에 적합하게 처신하는 현명함이 요구된다. 인간관계를 위한 몇 가지 팁을 공유하니 참고하도록 하자.

첫 번째, '훌륭한' 사람과의 만남을 소중히 한다.

'단순히' 인간관계를 소중히 하게 되면, 우리에게 많은 에너지를 필요로 하게 된다. 훌륭한 사람과의 만남을 자주 가지고 그들과 교류하면서 그들처럼 되고자 하는 노력을 하도록 하자. 내가 만나는 5명의 평균 모습이 '나'를 결정하는 것이다. 사소하거나 불필요한 모임은 자제하는 것이 좋다.

두 번째, 나의 에너지를 고갈하는 사람과의 만남을 정리하라.

인간관계를 맺는 과정에서 나의 에너지를 빼앗아가는 사람을 직감적으로 알 수 있다. 만나면 불편하고 나의 에너지를 가져가는 만남을 유지하는 것은 모두에게 좋지 않다. 정중하고 자연스럽게 만남을 정리해 나가는 것이 자신에게 몰입하는 방법이기도 하다.

세 번째, 상대방은 나와 다르다는 것을 인정한다.

직장생활에서 상사가 지시하는 말을 무조건 수행하는 것이 미덕인 적이 있었다. 하지만 이제 세상은 바뀌었다. 젊은 직원들에게도 그들만의 가치관과 인생관이 있다. 그들을 이해하려고 노력하고, 그들에게 모범이 되어야 한다. 생각이 '틀린 것'이 아니라 '다르다는 것'을 받아들여야 한다. 다른 사람의 가치를 인정해야 건전한 인간관계가 시작된다.

네 번째, 상대의 거절을 감사하게 생각하고, 나도 자신 있게 거절하자.

대부분의 직장인이라면, 회사내 직급이나 나이에 순응하는 마인드가 대부분이다. 그래서 거절하는 데 많은 부담을 느끼는 것이 사실이다. 거절은 상대와의 관계를 더욱더 깊게 할 수 있고, 나 스스로 존경하는 방법이다. 다만 정중한 거절을 하여 상대방의 감정을 상하게 하지 않도록 하거나, 또 다른 방법을 제안하는 것이 현명한 태도가 된다.

다섯 번째, 상대방에게 나의 감정을 쉽게 표현하지 마라. 특히 분노하지 마라.

아리스토텔레스는 화가 난 상태로 행동하는 것을 바람직하지 않은 인간의 행동의 하나로 꼽고 있다. 우리가 하는 말과 행동을 주위 사람들이 보고 느끼고 있다. 이것은 소위 '세평'이 되어 나를 평가하는 잣대가 되기도 한다. 늘 긍정적인 말로 나와 나의 수위사람에게 에너지를 주는 행동을 하여야 한다. 불평이나 불만, 부정적인 말, 분노와 같은 표현을 입밖에 내면 나와 나의 주위사람을 모두 망치게 한다는 것을 명심하자. 인간적 성숙의 지표는 '분노'를 통제할 수 있는 것에 달려있기 때문이다.

🔍 '던바의 법칙'에 대한 고찰

영국 옥스퍼드대 교수 로빈 던바(Robin Dunbar)는 아무리 친화력이 뛰어난 사람이라도 진정으로 사회적 관계를 맺을 수 있는 최대한의 인원은 150명이라고 하고 있다. 또한 그는 또 다른 연구에서, 소셜네트워크서비스(SNS) 친구가 1,000명이 넘는 사용자라고 해도 정기적으로 연락하는 사람은 150명 정도이며, 이 중에서도 끈끈한 관계를 유지하는 사람은 고작 20명이라고 하였다.

인간관계는 지속적으로 확대할 수 없는 한계가 있다. 휴대폰에 수많은 전화번호가 있다고 하더라도 수시로 연락하고 친밀한 인간적인 관계를 가지고 있는 사람을 한번 살펴보라. 실제 자주 연락하는 사람은 몇 명 되지 않을 것이다. 내 인생에서 의미있는 사람과 조금 더 소통하고 진실한 관계를 가지는 것이 더 중요하다. 각자 자기만의 인간관계 원칙을 만들고 현명한 노력을 하기를 기대해본다.

Chapter.5

평생 현역을 만드는 힘

직업가치와 인생가치

돈을 주지 않아도 하고 싶은 일이 무엇인가라는 질
문을 받았을 때, 그것이 지금의 내 직업이라고 대답할
수 있는가? 그렇지 않다면 지금 당장 거기서 벗어나기
위한 탈출 계획을 짜야 한다.

《결국 해내는 사람들의 원칙》, 앨런 피즈 & 바바라 피즈

중년의 나이에 들어서면 내 인생을 돌아보고, 현재 내가
가고 있는 이 길이 맞는가에 대해 자의 반 타의 반 고민을
하게 된다.

'나는 나의 인생을 살고 있는 것일까?'

'이렇게 사는 것이 진정으로 내가 원하는 일이었나?'

'이참에 중소기업으로 회사를 옮겨볼까?'

'이럴 바엔 내가 창업을 하는게 좋겠어. 더러워서 못 해먹겠네!'

인생의 반이라는 세월을 살았는데, 이제 와서 내가 원하던 삶과 다른 삶을 살았다고 생각이 들면서 후회가 밀려올 수도 있다. 여기에서 성급히 판단하고 행동에 옮긴다면 낭패를 볼 수 있다. 내가 많은 부분에서 언급하고 있는 하프타임을 충분히 가진 후에 행동으로 옮기는 것이 중요하다. 중년에 있어서 나의 직업가치와 인생가치를 만드는 것은 돈을 버는 일만큼이나 중요한 미션이 된다. 잘못 설정하거나 설정하지 않는다면 그 기회비용이 오히려 크게 다가올 것이다. 그리고 더 나이들어 내 인생을 내 마음대로 살지 못했다는 자괴감과 후회는 돈으로 환산할 수 없는 큰 비용이 된다. 이제 내가 사는 이유를 생각해 볼 때이다.

☉ 내 직업이 마음에 들지 않는다면 탈출 계획이 필요하다

《결국 해내는 사람들의 원칙》에서 저자가 말한 '탈출 계획'이라는 단어가 매력적으로 보인다면 도전적인 마인드가 있다고 볼 수 있다. 이 단어가 불편하다면 현재 삶에 만족하면서 '안전지대'에 머무르기를 희망하는 사람들이 대부분일 것이다. 실행에 옮기지 못했다고 하더라도 탈출 계획을 구체적으로 짜본 사람과 그렇지 않은 사람의 마인드는 차이가 있다. '탈출 계획'을 만드는 것은 내가 속한 조직과 조직 바깥 세상을 비교할 수 있는 능력을 가지게 된다. 그리고 나의 조직 내의 사람과 경쟁하는 것이 아니라. 조직 바깥 사람들과 경쟁하면서 안전지대와 성장지대(학습지대)를 번갈아 보면서 나의 외연을 지속적으로 확대할 수 있는 식견을 가질 수 있게 된다.

탈출 계획을 짜려면 내가 보고 들은 범위 내에서 가능하다. 사람은 자기가 아는 것만큼 느낄 수 있고, 느낀 것만큼 볼 수 있는 법이다. 그렇기에 내가 머무르고 있는 조직 내에서의 삶만을 바라보면, 낭패를 보기 쉽다. 항상 바깥 세상의 흐름을 보고, 그것이 나의 업무 영역과 우리 조직에 어떤 관계가 있는지도 보아야 한다. 이것이 바로 세상을 바라보는 힘이 된다. 이 힘을 실행으로 옮길 때만이 평생 현역인 직업인으로 살아갈 수 있게 된다. 결국 필요한 것은 나의 부단한 공부이다. 이 과정에서 축적된 경험과 지혜는 새로운 가치를 만들어 낼 수 있다. 보이지 않는 저 너머의 세상을 보는 힘은 결코 저절로 얻을 수 없다는 것을 명심하자.

♀ 인생은 각본없는 드라마

인생은 원래 정해진 각본이 없는 한 편의 드라마라고 할 수 있다. 우리가 나의 인생에서 성공하기로 마음을 먹는다면 내 인생에 대한 스토리는 내가 쓴다는 태도가 중요하다. 직장생활을 하더라도 자기주도적인 삶을 영위하면서 자신만의 가치를 찾는 것이 중요하다.

내 인생의 스토리는 내가 만들고, 더 멋진 영화로 만들기 위해 수정해도 괜찮다. 내가 즐겨찾는 휴가지를 남태평양 멋진 섬이 아니라 스위스의 조용한 호수로 바꾸어도 괜찮다. 여수 밤바다가 아니라 양양 밤바다여도 좋다. 내가 원하는 것을 상상하고, 상상한 것을 이루려고 살아가는 것이 인생인 것이다. 나는 내 인생의 작가이며, 장르도 내가 선택하여야 한다. 내 인생은 잔잔한 드라마여도 좋고, 화끈한 액션물이라도 좋으며, 우스꽝스러운 코믹물이어도 좋다. 스토리와 장르는 내가 선택한다는 데 의미가 있다는 것을 다시 한 번 명심하자.

가수 이적과 개그맨 유재석이 함께 부른 노래 〈말하는 대로〉를 음미해보자. 과연 내가 생각한 대로 살아가는 것이 인생에서 얼마나 많은 의미를 주는지를 공감해보자.

'그러던 어느 날 내 맘에 찾아온 작지만 놀라운 깨달음이 내일 뭘 할지 꿈꾸게 했지. 사실은 한 번도 미친 듯 그렇게 달려든 적이 없었다는 것을. 생각해 봤지 일으켜 세웠지 내 자신을'

'말하는 대로 말하는 대로 될 수 있단 걸 눈으로 본 순간 믿어보기로 했지. 마음먹은 대로 생각한 대로 할 수 있단 걸 알게 된 순간 고갤 끄덕였지'

☌ 《레이 달리오의 원칙》에서 나의 인생원칙을 만들어보자

《레이 달리오의 원칙》이라는 책을 충실히 읽어볼 사람이라면, 성격 테스트 검사(Principles You)를 추천한다. 나는 어떤 타입인지에 대해 흥미로운 관점에서 알아보는 데 도움이 된다. 약 20분 정도 시간을 들여 저자가 추천한 테스트를 해 본 결과, 나는 Orchestrator 성격 유형에 가장 적합한 것으로 나타났다. 사전적인 의미로는 '무언가를 성취하기 위해 사건을 계획하거나 감독하는 사람'이다. 보조적인 성격 유형으로는 남들에게 영감을 주는 역할을 좋아하며, 마치 사령관과 같은 역할에 적합하다고 한다.

약 1년 전 우연한 기회에 하게 된 에니어그램의 결과도 한번 보도록 하자. 나는 조력가, 성취자, 지도자가 동점으로 집계되었다. 나는 성장기에 소심하고 얌전한 아이로 조력가의 성향이었으며, 직장 생활을 하게 되면서 성취자로 바뀌었고, 지금은 회사 역할상 지도자의 역할로 바뀌었다고 생각한다.

양쪽 성격 유형의 공통점을 찾아보면, '남들에게 도움을 주는 지도자'로 정리할 수 있을 것 같다. 나는 이 결과를 매우 흥미롭게 생각한다. 여기에서 내가 성격 유형을 말하는 이유는 '나'를 이해하여야 나의 인생가치를 만들 수 있기 때문이다. 나의 성격, 성향, 기호에 적합한 인생의 가치와 원칙을 만드는 것이 평생 직업인으로 살아갈 수 있는 길잡이가 된다.

나의 인생 원칙 몇 가지를 공유해 본다. 독자들도 자기만의 원칙을 만들어보기를 추천한다.

첫 번째, 내가 가진 경험과 지식으로 세상에 기여한다.

두 번째, 평생 공부하는 사람이 된다.

세 번째, 나는 나의 강점을 극대화하려고 노력한다.

퍼스널 브랜딩 시대

진정성 있는 브랜드라는 것은 사실 특별하고 거창한 것이 아닙니다. 단지 가지고 있는 날것 그대로를 솔직하게 보여주는 것입니다. 브랜드가 품고 있는 본연의 생각을 분명하게 이야기하고, 약속한 이야기를 지키는 것입니다.

《브랜드가 되어 간다는 것》, 강민호

직장인이 퇴사를 하게 되면 자신이 더 이상 직장인이 아니라고 느끼게 하는 것이 월급, 인맥, 명함이라고 한다. 많은 회사 선배, 지인들이 퇴직하면서 하시는 말씀은 '회사 다닐 때가 좋았어'라는 문장으로 시작하는 게 다반사다. 회사를 떠나게 되는 순간 고정적인 월급이 없어지게 된다. 고스란히 나의 경제력으로 남은 인생을 책임져야 하는 것이다.

그리고 그간 내가 알고 지낸 인간관계가 자연스럽게 정리된다. 그간 우리가 알고 지내던 인간관계는 회사 업무로 알고 지내었던 얄팍한 것이 될 수도 있다.

마지막으로 내가 다녔던 직장의 명함을 내밀 수도 없게 된다. 나는 그냥 '나'일 뿐이다. 나는 더이상 김 팀장, 김 실장이 아닌 것이다. 그래서 직장에서의 직급보다도 나의 경쟁력에 기반한 브랜딩이 중요하게 된다. 나는 '무엇'인지 은퇴 전 미리 준비하는 것은 당연한 일이다, 하지만 직장 내 경쟁에 내몰리다 보면 충분히 은퇴 준비를 하지 못하고 퇴사하는 것이 흔한 일이다.

🔍 우연한 기회에 '퍼스널 브랜딩'을 만나다

몇 해 전 여름휴가 때에 도서관에 있는 '창업' 관련 도서를 수십여 권 독파하면서 노트에 핵심사항을 정리하였다. 그리고 나는 많은 사람을 만나면서 인생 후반전에 필요한 사항에 대해 이야기를 듣는 시간을 갖기도 했다. 이 과정에서 나는 인생 후반전에 대한 큰 틀을 마련하였다. 그때 만든 나의 회사의 사명, 위치, 비즈니스 포트폴리오가 지금도 꽤 쓸만한 것을 보면 쓸데없는 짓을 하지 않았다는 생각이 들어 마음 한켠으로 뿌듯하기도 하다.

다시 퍼스널 브랜딩으로 돌아와서 이야기를 하도록 하자. 인생 후반전을 열어가기 위해서 '퍼스널 브랜딩'이 중요하다는 것을 알게 되었다. 퍼스널 브랜드 전문가인 조연심 대표는 브랜딩과 관련하여 이런 말을 하였다.

"내가 누구인가는 개인적 본질과 직업적 본질이 복합적으로 섞여 만들어진다. 개인적 본질은 나를 위한 취미, 적성, 성격, 가치관과 같은 퍼스널 정체성을 통해 드러나고 직업적 본질은 타인을 위한 전문적인 지식, 기술, 실력과 같은 비즈니스 정체성으로 나타난다. 결국 상대방을 위해 무엇을 해 줄 수 있는지를 보여주는 직업적 본질은 내가 누구인지를 알게 하고, 그 과정에서 드러나는 태도(Attitude) 대부분은 나의 개인적 본질로부터 기인한다."

내가 가진 개인적인 본질(Personal Identity)과 직업적 본질(Business Identity)이 합쳐져 '나'라는 브랜드가 만들어지게 된다는 말이다. 결국 나는 누구인지, 어떤 사람인지를 찾아야 한다는 것이다. 내가 누군지는 내가 이룬 결과물로 정의되고, 내가 어떤 사람인지는 내가 행한 태도로 정의된다고 한다. 그렇기에 나는 나를 증명하는 데이터를 지속적으로 축적하고 노출시키는 활동을 할 것을 제안하고 있다. 결국 내가 어떤 것을 좋아하는지, 어떤 성향인지를 먼저 파악하여야 한다. 그리고 현재 내가 하는 일과의 연계성을 지속적으로 생각해 보아야 한다. 내가 좋아하거나 잘하는 일에서 찾는 것이 가장 좋을 것이다.

또한 조연심 대표는 퍼스널 브랜딩에 있어서 중요한 세 가지를 아래와 같이 정의하고 있다.

"브랜드 정체성에는 업의 본질, 브랜드 미션, 브랜드 비전이 담기고 그것을 명문화된 하나의 문장으로 보여 줄 수 있어야 한다."

규모가 있는 대부분의 회사는 기업 핵심 가치, 조직의 비전과 미션을 만들어 조직 구성원과 공유하고, 대외적으로 알리는 활동을 하고 있다. 쉽게 생각하면, 개인도 기업과 마찬가지로 지속적으로 나를 정의해야 한다는 말이 될 것이다.

☾ 퍼스널 브랜딩은 나를 찾는 과정이다

나는 나의 개인적 본질과 직업적 본질을 고려하여 '에너지 시스템 디자이너(Energy System Designer)'라는 직업 브랜드를 만들었다. 나는 지속가능한 에너지 시스템을 위해 나의 지식과 경험, 그리고 열정을 통해 새로운 가치를 만들어 내는 것이 내가 지향하는 인생의 목표이다. 이것은 나의 직업적 소명이자 정체성이다.

결국 퍼스널 브랜딩을 위해 나의 정체성을 만들고, 그 정체성을 강화하는 데 있어서는 여러 방법이 있을 것이다. 블로그, 인스타그램, 페이스북 등 우리가 알고 있는 SNS에서 자신을 지속적으로 기록해야 할 것이다. 이 때 시장에서 필요한 정보를 제공함에 있어서 시간과 노력을 들여야 할 것이다. 이 기록은 자신의 역사로 기록되고, 마침내 나의 브랜딩을 만들 수 있을 것이다.

나만의
비즈니스 기획

한 가지라도 당신이 최고라고 자부할 만한 것을 갖
추자. 그러면 당신이라는 존재를 필요로 하는 사람이
나타난다.

《조인트 사고》, 사토 후미아키 & 고지마 미키토

직장인으로 중년의 나이가 되면 회사 내에서 인간적인
관계도 적당히 형성되고, 회사 외부의 사람들과 만나고 소
통하는 관계의 스펙트럼이 정점에 이르게 된다. 그러다가
진급을 하여 관리자가 되면 마음 편하게 연락을 주고받는

사람의 폭이 점점 줄고 있다는 것을 느끼게 된다. 중년의 인간관계는 젊은 시절처럼 모든 가능성을 열어두고 사람을 만나는 것이 정신적으로나, 심리적으로나, 체력적으로 쉽지 않게 된다. 중년의 나이는 나의 은퇴시기를 미리 큰 틀에서 정해놓고 여유를 가지고 인간관계를 가지고 가야 할 때이다. 인간관계를 바탕으로 비즈니스 파트너십과 네트워킹을 만들어가야 한다.

비즈니스 파트너십을 만들어가는 것은 좋은 인간관계가 선행되어야 한다. 나의 가치관과 비전을 공감하면서 함께 성장할 수 있는 관계가 우선되어야 한다. 나는 잠재적인 비즈니스 파트너와 자주 소통하는 기회를 가지면서 네트워킹을 유지하고 있다. 은퇴를 앞둔 시점에 충분한 시간을 가지지 못하고 우왕좌왕 맺은 관계는 금전적인 측면을 중요시하는 경향이 커서 지속가능하지 못한 것을 많이 보았다. 내가 은퇴 이후 진출하고자 하는 영역을 설정하였다면, 해당 분야의 사람을 만나고 정보를 수집하면서 탐색을 하여야 할 시점이다. 하루 아침에 후반전에 참여할 수 없는 노릇이다. 참패를 당할 수 있기 때문이다.

내가 직장생활을 처음 시작하던 때의 직업관과 지금의 직업관에는 많은 변화가 있다. 예전에는 직장생활을 마치게 되면 기존 직장을 배경으로 작은 직장으로 옮겨 무난하게 경제활동을 유지하기도 했다. 박사학위가 있다면 전문가로 활동하기가 쉬웠으며, 전문 자격증이 있으면 평생 현역으로 살아갈 수 있었다. 하지만 이제 기술의 수명과 가치가 급변하는 시대가 되었다. 과거의 지식과 경험으로 버티기 힘든 세상이 되었기 때문이다.

♋ 성공을 확장하기 위한 《조인트 사고》의 조언

이런 때일수록 본인만의 필살기를 바탕으로 휴먼 네트워킹을 해야 한다. 한 사람이 모든 기술을 습득할 수 없는 것이 현실이다. 비즈니스가 있다면 프로젝트별로 팀이 되어 활동하고, 서로에게 유익한 구조를 만들어 가는 유연성이 필요하다. 결국 좋은 사람들과 같이 일하는 자세와 나만의 실력을 갖추는 것이 지름길이다. 이러한 것은 회사를 다니면서 충분히 훈련하고 연습할 수 있다. 아직 시작하지 않았다면, 미래의 나의 영역을 위한 활동을 시작하도록 하자. 《조인트 사고》에서 나의 성공을 확장해 나가는 조언을 참고해보자.

"한 가지라도 당신이 최고라고 자부할 만한 것을 갖추어라. 그러면 당신이라는 존재를 필요로 하는 사람이 나타난다."

"조인트 상대는 서로의 강점과 무기, 즉 잘하는 분야가 '달라야' 좋다."

"인터넷은 진화 속도와 정보순환 속도가 빠르기 때문에 인풋과 아웃풋의 간격을 빠르게 줄여나가는 것이 중요하다."

조인트해서 성과나 실적을 올리기 위해서는 나의 실력이 충분해야 하고, 나만의 '무기'가 있어야 한다. 그런 자격이 있어야만 사람들이 찾는 법이다. 내가 최고라고 할 수 있는 것이 무엇인지 객관적으로 바라보고 부단한 노력을 통해 갖추어야 시장에서 통할 것이다. 또한 자신의 단점을 보완하는 것보다는 서로의 장점을 시너지하는 것이 중요하다. 단점을 보완하는 데 주력하다 보면 '1+1=1'의 결과를 보일 수 있다. 반면 장점을 강화하는 것은 '1+1=10'이 될 수도 있다. 이 때 중요한 것은 서로 다른 분야의 전문성과 기술을 접목하는 것이 시너지 효과를 극대화할 수 있다는 점이다.

과거에는 내가 가지고 있는 자료나 정보만으로도 무척이나 중요한 자산이나 경쟁력이 되었다. 그러나 이제는 더 이상 그렇지 않다는 것을 알아야 한다. 본인이 가지고 있는 자료나 정보를 주위 사람들과 공유하고, 이 때 인풋과 아웃풋의 갭을 줄여 유통 속도를 높임으로서 본인의 열정이나 태도를 사람들에게 노출시켜야 한다. 여기에 추가해서 중요한 것은 본인이 가진 것을 한 번 더 가공하여 지식화한다면 금상첨화가 된다는 점이다. 공유와 소통은 현대 비즈니스의 기본이 된다.

◎ 나의 비즈니스 기회는 어떻게 찾아야 하는가?

《누구와 함께 일할 것인가》에서 오늘날 기술 트렌드와 사람의 태도에 관련한 문구를 음미해보는 것도 좋겠다.

"기술이 빠르게 발전하면서 한때 전문 인력이 수행하던 일들이 아웃소싱이나 기계에 의해 처리된다. 아무리 기술이 뛰어나다 해도 5년 후 그 기술은 가치가 없을 수도 있다. 그러나 사람들과 관계를 맺고, 학습하고, 협력하는 능력은 오늘날 사회에서 점점 더 가치가 높아지는 중이다."

《누구와 함께 일할 것인가》, 댄 설리번

현대 사회는 3년마다 세대 차이가 난다는 우스갯소리가
있다. 기술 진화의 속도는 이를 가속화하고 있다. 너무나도
당연한 말이 되겠지만. 본인만의 축적된 기술을 현행화하
는 데 게을리하지 말고, 주위 사람들과 소통하는 능력이 중
요하다.

우리가 투자를 할 때도 미래가치를 중요하게 생각하듯
이, 우리가 후반전을 대비할 때는 내가 직장에서 배운 것과
기술, 아이디어, 지식 중심 사업에 관심을 가져야 한다. 해
당 분야의 전문성을 배양하기 위해 자격증을 취득하거나
학위를 한다거나 해당 분야에 대한 책을 쓰는 것도 좋겠다.
가장 중요한 것은, 나의 비즈니스 기획서를 작성해보기를
추천한다. 그러면 내가 어떤 분야에 주력하고, 어떤 기술을
갖추어야 하는지 알 수 있고, 어떤 영역의 사람을 자주 만
나야 하는지 명확해질 것이다.

나는 현재 은퇴 이후의 비즈니스 모델과 사업 포트폴리
오를 만들어 놓았다. 변화하고 있는 시대 여건에 맞추어
나의 기획안을 계속 수정하고 업데이트하고 있다. 세상을

바라보고, 사람을 만나고, 책을 읽고, 공부를 하면서 나의 계획을 다듬고 있다.

이제 해야 할 일은 명확하다. 자기만의 비즈니스 기획서를 가장 빨리 만들어보기 바란다. 자기가 어디에서 어떤 형태로 누구와 일할 것인지 생각해 보라. 그것만으로 가슴 벅차고 변화하는 나를 만날 수 있을 것이다. 그렇게 하는 과정에서, 회사 일을 열심히 하는 자신을 발견할 수 있다. 회사 일을 열심히 함으로써 퇴사 전에 필요한 역량과 태도, 기술을 축적할 수 있기 때문이다. 회사 일을 등한시하거나 불성실한 사람이 퇴사 이후에 성공하는 경우는 드물다. 회사 업무를 본인 비즈니스라는 마인드로 살아야 한다. 내가 맡은 업무를 나와 나의 조직이 주도권을 가질 수 있도록 일하는 방식을 적극적으로 추천하고 싶다. 그렇게 살아가는 사람만이 조직의 리더가 될 수 있고, 은퇴 이후의 비즈니스에서도 성공할 수 있을 것이다.

당신의
인생 기술을 찾아라

몸값은 이론을 많이 아는 것이 아니라 실무적으로 잘 알아야 올라간다. 그러기 위해서는 현재 하고 있는 일에 대하여 귀신이 되어야 하고 그다음은 지금 당장은 필요 없는 다른 일들도 알아야 한다. 그래야 관리할 능력이 생긴다. 그 어떤 투자 재테크보다도 이것이 가장 중요하다.

《세이노의 가르침》, 세이노

우리나라 경제가 어려울 때마다 마음을 어둡게 하는 신문

기사를 종종 접하고는 한다. 명예 퇴직 이후 이렇다 할 기술이 없어 프랜차이즈 식당을 차렸는데 월임차료를 내지 못해 문을 닫았다는 기사를 종종 보게 된다. 왜 그들은 자신들이 잘 알지 못 하는 영역에 불안감을 가지고 도전하는 것일까? 중년의 퇴직자들은 아이들을 양육해야 하고 가장으로서 책임이 가중되는 세대이기도 하다. 어쩌다가 중년의 나이가 되도록 세상에 필요한 나만의 기술을 가지지 못한 것일까?

편안하고 행복한 노후를 위해 필요한 가장 중요한 자산은 내가 세상에서 필요한 무엇인가를 할 수 있다는 자신감과 실력이다. 내가 인생의 전반전에 직장을 잘 다니다가 후반전으로 들어가는 데 있어서 갖추어야 할 것은 '인생 기술'이다. 평생 현역으로 활동하기 위해 반드시 '시장에서 통하고 나 혼자 스스로 할 수 있는' 기술을 가지고 있어야 한다. 즉, 나만의 '무기'를 찾아야 100세 시대를 살아가는 동력이 될 것이다. 앞에서 본인만의 비즈니스 기획서를 작성하는 가운데 나에게 필요한 기술이 무엇인지 알아보았을 것이다.

《스탠퍼드는 이렇게 창업한다》에서 우리가 경제활동을 하는 유형에 대해 다음과 같이 언급하고 있다. 나의 직업군을 파악하기 위해 한번 살펴보도록 하자.

"돈을 버는 방법에는 크게 다섯 가지가 있다.

첫째, 기업에 소속되어 자신의 시간을 돈과 바꾸는 노동자.

둘째, 기업에 소속되지 않으면서 자신의 시간을 돈과 바꾸는 프리랜서.

셋째, 책이나 강연, 컨설팅을 통해 다른 사람의 문제를 해결해주는 전문가.

넷째, 부를 창출하는 시스템을 만들고 경영하는 기업가.

다섯째, 자신의 자본을 가치가 오르는 것에 투자해 돈을 버는 투자가."

인생 후반전을 위한 인생 기술을 찾기 위해 현재 나의 직업이 어느 유형이고, 내가 어느 유형으로 살아가야 하는지에 대해 우선적으로 결정하여야 한다. 나는 현재 첫 번째 유형이지만, 은퇴 이후에는 세 번째와 네 번째 유형이 융합된 형태의 직업을 가질 계획이다. 독자들도 현재 자기가 어떤 유형인지 먼저 파악하고, 나의 퇴사일자에 맞추어 사전에 준비하여야 한다.

인생 기술을 어디에서 어떻게 찾아야 하나

이제부터 나의 '인생 기술'이 무엇인지, 어떤 관점으로 접근해야 하는지 알아보도록 하자. 인생 기술은 '인생 후반전에 지속가능한 경제 활동이 가능하도록 도움을 줄 수 있는 기술'로 정의하고자 한다. 그렇다면 인생 기술은 현재 내가 하고 있는 주변의 일부터 찾아보는 것이 좋다. 현재 내가 하고 있는 일이나 경험에서 찾을 수 없다면 새로운 영역을 찾고 그곳에서 남들보다 앞서는 기술을 익혀야 한다. 앞선 예에서, 프랜차이즈 식당을 차렸는데 남들과 차별성과 독특함이 없다면 좋지 않은 결과를 가져오기 때문이다.

먼저, 내가 다니는 회사를 예를 들어 주변 기술을 한번 살펴보도록 하자. 기술직이면서 미디어 관련 업무에 능한 직원을 예를 들어 보자. 에너지 관련 최신 기술 검토나 분석 업무에 전문성이 있으면서 전시 기획 능력이 뛰어난 직원이 있다. 그 직원은 무엇을 할 수 있을까? 퇴사에 앞서 제안 발표 능력과 협상 역량을 개발하면 홍보기획과 관련된 기업에 취업이나 창업에 도전할 수 있을 것이다.

또 다른 직원은 에너지 진단 경험이 많고, 해외 파견 근무 경험도 있으면서 영어 실력이 우수하다고 가정하자. 이런 경우 퇴사 전에 해외 컨설팅 관련 석사학위를 취득한다면, 취업이나 1인 전문가로서 활동하는 데 문제가 없을 것이다.

결국 나의 인생 기술을 확보하기 위해서는 살아오면서 내가 학습한 지식과 경험을 기반으로 퇴사 이전까지 추가적으로 학습하고 단련하는 과정이 필요하다. 나는 퇴사 이전에 독서와 글쓰기, 더 나아가 책쓰기를 통해 나의 영역을 지속적으로 확대할 계획이다.

인생 기술을 찾는 데 필요한 고려사항을 참고하도록 하자.

첫 번째, 블루오션과 레드오션 중 어디에 있는 기술인가?
두 번째, 퇴사 이후에 지속적으로 활용가능한 기술인가?
세 번째, 내가 혼자서 완벽하게 할 수 있는 기술인가?
네 번째, 전문기술인가? 융합기술인가?

이중 특히 네 번째 항목에 대해 설명하기 위해 《역행자》의 문구를 참고해보자.

"하나의 일 대신 3~4개의 얕은 기술들을 습득해야 한다."

전문가의 삶을 살아가기 위해서는 석·박사급의 학력 또는 기술사급의 자격이 필요할 수 있다. 그만큼 비용과 시간이 많이 필요하다. 하지만 내가 가지고 있는 기술과 새롭게 익히는 기술을 융합시켜 기존 세상에 없던 기술을 선보이게 된다면 시장에서 통하게 될 것이다. 자신이 전문가의 길로 갈 것인지, 새로운 영역을 만들어 갈 것인지에 대해서는 본인이 용기있게 선택할 것을 추천한다.

인생 기술을 축적하기 위해서는 직장생활을 충실하게 하는 것이 우선이다. 나를 1인 기업의 경영자로 생각하고 업무에 임하면, 조직의 성과나 개인의 성장 모두 도움이 될 것이다. 나의 적극적인 업무 태도로 인해 조직의 영역은 확대될 것이고, 그 속에서 수입이 늘거나 진급을 할 수 있는 원동력이 될 수 있다. 직장을 다니는 동안, 내가 부족하거나 필요한 역량을 향상시킬 수 있고, 무엇보다도 인생 기술을 배우고 실제 테스트를 해 볼 수도 있다. 그렇기 때문에 나는 직장을 매우 소중한 곳으로 생각한다.

직업인의
마인드와 태도

　'메멘토 모리(Memento Mori)'. '죽음을 기억하라', 또는 '너는 반드시 죽는다는 것을 기억하라'를 뜻하는 라틴어이다. 직장인의 메멘토 모리 즉 직장인은 언젠가는 직장을 떠나야 한다는 것이다. 봉급쟁이, 직장인은 죽었다. 많은 직장인이 회사가 자신을 돌봐줄 것이라고 생각한다. 그러나 현실은 그 회사가 일자리를 빼앗아 가고 있다.

《퇴직과 은퇴 사이》, 이기훈

사내 인사발령 공지에서 퇴직자의 성명을 볼 때면 만감이 교차한다. 종종 정년퇴임식에 참석해보면 모든 분께서 그간 회사에 대한 고마움을 잊지 않는다. 그리고 제2의 인생을 시작하였다고 하면서 힘찬 응원을 당부하시기도 한다. 우리 후배들은 축하와 응원을 아끼지 않는다. 그리고 그들은 직원 검색란에 보이지 않게 된다. 그들은 떠나게 된다.

회사를 떠나게 될 때 직위나 직급은 중요하지 않다. 회사에 있을 때나 이사님, 실장님, 팀장님, 그렇게 부르는 것이다. 회사를 떠나게 되면 모두 선배님이 된다. 이제 그들의 직함은 사라지게 된다. 직장인의 삶이란 회사에서 부여한 재직기간 동안의 계약관계에 의해 규정된다. 계약이 종료되면 더 이상 자신이 다니던 곳의 직장인이 아니다. 사전에 준비가 되지 않은 직장인은 그렇게 떠나게 된다. 먼저 은퇴하신 선배님에게 여쭤보면 대부분 기존 직장을 아쉬워하고 그리워한다. 공공기관 직원 신분으로 오랫동안 재직한 탓도 있겠지만, 직원 당시에 가지고 있던 크고 작은 특권도 한몫하는 것 같다. 회사를 떠난 이후가 좋다는 선배님을 만나는 경우는 드문 일이다.

그렇다면 어떤 모습과 마음으로 퇴직하여야 하는가? 이제 이 책에서 독자에게 말씀드리고 싶은 키워드를 말해야 할 때이다. 그것은 직장인이 아니라 직업인으로 회사 문을 닫고 나가야 한다는 것이다.

☿ 이제 직업인으로 살아가는 마인드와 자세를 가지자

4050 중년의 직장인은 전반전 은퇴 전에 직업인으로서의 마인드셋을 가지는 것이 중요하다. 직장인 열차에서 내려서 하프타임 플랫폼에서 직업인 열차에 승차하여야 한다. 내가 타고 있는 직장인 열차는 얼마 후에 멈춰 설 것이다. 더 이상 나에게 남겨져 있는 직장인에게 주어진 열차가 없는 것이다. 내가 직업인으로 살아가겠다는 마인드를 장착하고 용기 있는 태도를 가지고 당당하게 직업인 열차에 모두 승차하도록 해야 한다. 그렇게 하기 위해서는 시장이 필요한 기술과 능력을 겸비하는 것은 당연한 이야기다.

현재 직장인 열차에서 몇 호실에 탑승하고 있는지는 중요하지 않다. 어떤 사람은 특실이기도 하고, 어떤 사람은 일반실이기도 하다. 단 한 가지 분명한 것은, 때가 되면 모두 내려야 한다는 것이다. 이제 직업인 열차에 탑승하는 것이 중요할 뿐이다. 아마도 직업인 열차에 탑승하는 데 있어서 3가지 유형이 있을 것이다.

- **제1유형** : 하프타임 플랫폼에서 직업인 열차에 바로 탑승
- **제2유형** : 하프타임 플랫폼에서 다른 승객보다도 많은 비용으로 늦게 탑승
- **제3유형** : 하프타임 플랫폼에서 직업인 열차에 탑승하지 못해 무한정 대기

제1유형이 되는 결정적 조건은 직장에 다니면서 내가 직업인으로서 나의 가치를 만들었느냐에 달려 있다. 직장에 다니면서 내가 무엇을 좋아하고, 잘 하는지 알아내고, 회사 업무도 충실히 하면서 외부와의 소통도 꾸준히 한 사람이다. 그리고 자기계발과 자기성장에도 게을리하지 않은 사람이다.

제2유형은 직장생활이 마무리될 때, 새로운 직장을 찾거나 창업을 준비하는 동안 많은 시간과 비용을 투입한 사람이다. 그나마 성공에 대해서는 장담할 수 없다. 미리 준비하지 않았음을 후회할 것이다.

제3유형은 직장생활이 마무리될 때, 준비없이 퇴직금으로 이것저것 기웃거리다가 가진 것을 날려버린 유형이라 할 수 있다. 100세 시대에 나이가 들수록 경제력이 부족해 많은 고통이 예상된다.

인생은 전반전만 뛰는 게임이 아니다. 대부분의 사람은 전반전에 너무 많은 에너지를 낭비하고 있다. 그때의 스코어가 자기 인생의 스코어라고 착각하고 있다. 하프타임을 현명하게 가지고 후반전에 들어가자. 직업인 열차에 바로 탑승할 수 있도록 준비하자. 하프타임 플랫폼에서 다음 열차를 놓치는 일이 없기를 바란다.

♀ 당당한 직업인의 삶

직장 근무 중에도 직업인이라는 의식을 강하게 부여하면서 살아가도록 하자. 내가 회사를 운영한다는 마음가짐으로 업무에 임하도록 하자. 직업인으로서 필요한 기술을 공부하고 학습하도록 하자. 그리고 세상이 변하고 있음을 인지하고 조직을 이끌어가는 리더의 모습을 갖추도록 하자. 이렇게 직업인으로 삶을 만들어가자. 스티븐 바틀렛의 《우선순위의 법칙》에서는 '꿈의 직업'을 만들기 위한 5가지 조건을 추천하고 있다. 각자 자기 삶에 대비해보도록 하자.

1. 매력적인 일
2. 다른 사람에게 도움을 주는 일

3. 좋아하는 일만 하지 말고, 잘하는 일을 하라

4. 재수없는 인간들과 일하지 마라

5. 일과 삶의 조화

    내가 속한 조직의 바깥세상에도 관심을 가져 보자. 세상은 훨씬 넓고 많은 일이 일어나고 있다. 모든 사람은 지금 내가 속해 있는 안전지대에 머무르려고 하는 경향이 크다. 안전지대에서 벗어나 학습지대와 성장지대를 경험해야 한다. 그리고 안전지대와 성장지대를 비교할 수 있는 시야를 가져야 한다. 그럴 때만이 직업인으로 성장할 수 있는 것이다.

    나는 지금껏 보이지 않는 것을 보는 힘을 기르기 위한 자기계발 5원칙, 나를 성장하게 하는 실행의 힘을 위한 자기성장 십계명, 평생 현역으로 살아가는 힘을 위한 5가지 기술에 대해 말하였다. 이 책을 읽는 독자들은 하프타임 플랫폼에서 바로 직업인 열차로 탑승하기를 응원한다.